I0029702

DEUX SEMAINES

DE LA

VIE DES MINEURS

———

TRADUIT LIBREMENT DE L'ANGLAIS

———

QUATRIÈME ÉDITION

———

TOULOUSE

SOCIÉTÉ DES LIVRES RELIGIEUX

DÉPÔT : RUE ROMIGUIÈRES, 7

——

1896

DEUX SEMAINES

DE LA

VIE DES MINEURS

PUBLIÉ PAR LA SOCIÉTÉ DES LIVRES RELIGIEUX
DE TOULOUSE

TOULOUSE. — IMP. A. CHAUVIN ET FILS, RUE DES SALENQUES, 28.

Voir page 35.

DEUX SEMAINES

DE LA

VIE DES MINEURS

PREMIÈRE SEMAINE

CHAPITRE PREMIER.

Introduction.

Qu'elle est triste et peu agréable cette partie du Northumberland où Pierre Morrisson passa sa première jeunesse! On n'y voit guère de prairies, d'arbres ou de haies en fleurs, et presque toutes les maisons ont l'air d'être sales et abandonnéès. Aussi tout paraît-il sombre et repoussant à quiconque n'est pas accoutumé à l'aspect général que présente cette contrée. Loin d'être, comme

partout ailleurs, blanches et engageantes, les
routes, sur une longueur de bien des milles,
n'offrent à l'œil ennuyé du voyageur que de
grands tas de cendres noires amoncelées de
tous côtés. Les courants d'eau ressemblent à
une sorte de liquide noirâtre, et les rares oi-
seaux qui voltigent çà et là, et qui appartien-
nent pour la plupart à l'espèce la plus commune des moineaux, ont l'air de participer,
eux aussi, à la mélancolie générale.

Si vous traversiez ce pays au milieu de la
semaine, mes chers enfants, vous verriez
une épaisse fumée s'élever d'immenses fourneaux et se répandre de telle manière que le
ciel en est obscurci ; et pourtant, malgré ce
signe irrécusable de vie, vous ne rencontre-
riez que bien peu de personnes, et encore
vous surprendraient-elles par leur air singu-
lier. Puis vous passeriez très probablement
devant des amas de ruines noircies qui furent
une fois des cabanes d'ouvriers, mais qui
depuis longtemps sont désertes ; et vous
pourriez, à juste titre, vous étonner de l'apparence désolée de tout ce qui serait autour
de vous.

Mais si c'était de nuit qu'eût lieu votre

voyage, vous seriez peut-être plus surpris encore de voir briller dans toutes les directions
d'énormes feux dont les flammes rougeâtres
vous paraîtraient sortir de dessous terre.
Bref, tout jeune voyageur traversant ce pays,
soit de jour soit de nuit, serait, sans nul
doute, fort heureux de s'en éloigner le plus
tôt possible.

Cependant, quelque triste que soit cette
partie de l'Angleterre, elle est très importante
pour tout le royaume. Les nombreux habitants de ce comté sont fort industrieux et,
espérons-le, satisfaits de leur sort, quoique,
sous bien des rapports, on puisse trouver
étrange et pénible la vie qu'ils mènent ; mais
nous en reparlerons dans un autre chapitre.

Dans un de ses magnifiques psaumes, David s'écriait jadis : « O Eternel ! que tes œu-
» vres sont en grand nombre ! tu les as tou-
» tes faites avec sagesse ; la terre est pleine
» de tes richesses ! » (Ps. CIV, 24.) Ceci est
aussi vrai maintenant que cela le fut jamais ;
car, en vérité, la terre a plus de richesses
qu'on ne lui en connaissait du temps du Psalmiste. Non seulement elle produit à sa surface
toutes sortes de fruits, d'herbes et de plan-

tes à l'usage de l'homme et des animaux,
mais, profondément enfouis dans son sein,
elle garde d'autres trésors précieux que l'intelligence et l'industrie de l'homme s'appli-
quent chaque jour à y découvrir. C'est là que
se trouvent l'or, l'argent, les métaux de toutes sortes, les diamants et autres pierres précieuses, et ce n'est qu'en creusant la terre
que nous nous approprions ces trésors. Voilà
pourquoi des milliers d'hommes, dans toutes
les parties du monde, consacrent la plus
grande portion de leur existence à chercher
ces richesses dans des mines profondes.

Mais parmi tant de trésors souterrains, il
en est un plus précieux pour l'humanité que
l'or, l'argent ou le diamant même ; celui-là,
nous l'appelons la houille ou charbon de
terre. Le comté dont je viens de vous parler
est peut-être le lieu dans lequel on la trouve
avec le plus d'abondance.

Il fut un temps où les ouvriers qui étaient
employés à extraire la houille des entrailles
de la terre étaient sauvages, ignorants et im-
pies. La plupart de ces pauvres gens vivaient
sans Dieu, sans espérance au monde ; ils ne

connaissaient pas la Parole inspirée, ou si quelques fragments leur en étaient connus, ils n'en faisaient pas la règle de leur conduite. En d'autres termes, Dieu n'habitait point dans leurs cœurs et sa crainte ne réagissait point sur leur vie.

La majeure partie de l'existence de ces mineurs s'écoulant sous terre, ils étaient naturellement heureux de passer un jour au grand air, à la lumière et aux chauds rayons du soleil. Le dimanche leur était donc doublement agréable ; mais au lieu d'employer sagement et pieusement ce jour que Dieu s'est consacré, ils le passaient tout entier à jouer, à s'enivrer, à commettre d'autres méchantes actions et même à se quereller et à se battre. Aussi les villages des mineurs avaient, à cette époque, une si mauvaise réputation, que personne ne se souciait de s'y arrêter ou seulement de les traverser.

Mais quelques hommes charitables eurent pitié de l'ignorance et de l'inconduite de ces pauvres gens, et ils offrirent à Dieu d'ardentes prières pour leur conversion. Ils firent plus : ils allèrent s'établir parmi eux, pour leur prêcher l'Evangile de Jésus-Christ et

leur enseigner le seul moyen d'éviter la colère à venir. Ils lurent la Bible avec eux, la
leur expliquant avec simplicité et affection,
les suppliant d'abandonner leur vie de péché
et de chercher le vrai bonheur et le salut
éternel là seulement où l'on peut espérer de
les trouver, à savoir, dans une foi sincère en
notre Seigneur et Sauveur Jésus-Christ, cette
foi conduisant le pécheur repentant à l'obéissance envers Dieu.

Tout cela était nouveau pour ces pauvres
mineurs qui étaient presque comme des
païens. Quelques-uns d'entre eux ne répon-
daient à ces enseignements que par la mo-
querie et le blasphème, maltraitant ceux qui
se dévouaient ainsi pour leur bien et voulant
même les chasser du village. Mais il y en
eut d'autres qui, touchés de ce qu'ils entendaient, souhaitèrent d'en apprendre davantage et protégèrent ceux qui les instruisaient
contre tous mauvais desseins. Dieu fut ainsi
avec ses serviteurs qui s'étaient aventurés
dans ces tristes et sombres lieux par amour
pour leurs semblables, et il donna beaucoup
de succès à sa Parole si fidèlement prêchée,
de sorte qu'au bout d'un certain temps un

véritable et grand changement s'opéra dans
ces villages.

On n'y entendit plus, comme autrefois,
des blasphèmes et des malédictions ; ils per-
dirent peu à peu leur réputation d'impiété et
d'ivrognerie ; où avaient existé la discorde
et les luttes régnèrent dès lors l'amour et la
paix. Un grand nombre de ces pauvres gens,
tant hommes que femmes, devinrent doux
dans leurs manières et soumis à la vérité.
Mais ce qui valait mieux encore et ce qui
avait été la cause première de cette heureuse
révolution, c'est que plusieurs, par la grâce
de Dieu, étaient devenus de vrais chrétiens.
Ils s'étaient repentis de leurs fautes passées,
et, ayant cru en Jésus-Christ, s'étaient don-
nés à Lui pour être sauvés.

Il en est ainsi toutes les fois que l'Evangile est sincèrement reçu dans le cœur des
pécheurs. Ils deviennent de nouvelles créatures. « Les choses vieilles sont passées »
pour eux « et toutes choses sont faites nou-
» velles. »

L'Evangile du salut ne nous apprend-il pas
que « la grâce de Dieu, salutaire à tous les
» hommes, a été manifestée, et qu'elle nous

» enseigne qu'en renonçant à l'impiété et
» aux convoitises du monde nous vivions,
» dans le siècle présent, dans la tempérance,
» dans la justice et dans la piété ; en atten-
» dant la bienheureuse espérance, et l'appa-
» rition de la gloire du grand Dieu, et notre
» Sauveur Jésus-Christ, qui s'est donné soi-
» même à nous, afin de nous racheter de
» toute iniquité, et de nous purifier, pour lui
» être un peuple particulier et zélé pour les
» bonnes œuvres ? » (Tite, II, 11-14.)

C'est ce qui arriva dans ces villages quand
la bonne nouvelle du salut y fut prêchée ;
non pas pourtant que tous les mineurs aient
cru et eussent été convertis, mais ceux dont
le cœur ne fut pas touché se sentirent honteux de se livrer à des actions aussi condam-
nables que celles qu'ils avaient déjà commises ; et ceux dont le cœur s'était ouvert
aux enseignements de la Bible étaient réellement désireux de glorifier Dieu, leur Sauveur, en toutes choses, comme l'apôtre le
commande quand il dit : « Y a-t-il parmi
» vous quelque homme sage et intelligent ?
» qu'il montre, par une bonne conduite et
» par ses œuvres, une sagesse pleine de dou-

» ceur » (Jacq., III, 13). De plus, ils dési-
raient apprendre à sentir l'amour du Seigneur
Jésus, afin de mieux connaître et de mieux
accomplir sa volonté ; et il était naturel qu'il
en fût ainsi, puisque c'est l'effet que produit
sur les cœurs cette connaissance suprême.

Dès lors, au lieu de profaner le saint jour
du dimanche et de le passer dans la paresse
et la dissipation, ils convinrent de s'assem-
bler pour adorer Dieu et pour écouter la lecture et la prédication de sa Parole ; tandis
que, dans leurs demeures, ils cherchaient,
autant que possible, à élever leurs enfants
dans l'obéissance chrétienne et à leur inspi-
rer l'amour du Sauveur.

C'était un spectacle aussi doux que réjouissant de contempler l'ardeur que ces mineurs
et leurs familles, naguère encore si ignorants
et si dépravés, apportaient à s'instruire, et
d'entendre ces voix, qui n'avaient, hélas !
prononcé que trop de blasphèmes et de
chants grossiers, s'élever maintenant, par la
prière et par des chants d'actions de grâce,
jusqu'au trône de Dieu.

Ne croyez-vous pas avec moi, chers jeunes
lecteurs, que c'était une vue dont les anges

du ciel se réjouissaient? puisqu'il nous est
dit par le Seigneur lui-même : « Il y a plus
» de joie dans le ciel pour un seul pécheur
» qui s'amende que pour quatre-vingt-dix-
» neuf justes qui n'ont pas besoin de repen-
» tance » (Luc, XV, 7).

Bien des années s'écoulèrent ainsi, et de
tous ceux qui avaient prêché l'Evangile,
comme de ceux qui l'avaient reçu dans leur
cœur, la plupart avaient cessé de vivre ; mais
l'Evangile, lui, n'était pas mort ! Il resplen-
dissait toujours d'une plus vive lumière et les
fruits de la fidèle prédication de la Parole
subsistaient et grandissaient encore. Parmi
ces *pauvres* mineurs, il y en avait beaucoup
« qui étaient *riches* dans la foi et héritiers
» du royaume que Dieu a promis à ceux qui
» l'aiment » (Jacq., II, 5). Le dimanche était
un jour de rafraîchissement pour leurs âmes
aussi bien qu'un jour de repos pour leurs
corps lassés par les fatigants travaux de la
semaine. Les louanges du Seigneur retentis-
saient dans les assemblées de son peuple, et
l'on trouvait partout des écoles du dimanche
où les enfants de ces rudes travailleurs
allaient apprendre à lire l'Ecriture sainte.

Il faut maintenant que je vous parle de
Pierre Morrisson, de sa demeure, de sa famille, et de la manière dont il passait ce premier jour de la semaine.

Laissez-moi cependant vous faire remarquer de nouveau que tous les mineurs n'obéis-
saient pas aux saints commandements de
Dieu, et ne se laissaient pas influencer par la
pieuse conduite de leurs voisins et de leurs
camarades. Dans trop d'endroits, malheureusement, il y en avait beaucoup qui préfé-
raient rester dans l'ignorance et dans le vice;
et leurs cœurs corrompus et endurcis mon-
traient assez qu'ils aimaient mieux l'obscurité
que la céleste lumière, et l'esclavage du péché que le joug doux et facile de Jésus.

La mère de Pierre Morrisson n'apparte-
nait pas à cette dernière classe; car c'était
une femme pieuse qui, bien que peu ins-
truite, savait lire la Bible et l'aimait. Elle
était veuve; son mari était mort quelques
années auparavant, laissant à sa charge
Pierre, à peine âgé de cinq ans, et une petite
fille plus jeune encore.

Mais bien que plongée dans la douleur, la
pauvre veuve ne se sentit point abandonnée:

son Dieu lui suscita des amis, et comme
elle était industrieuse, forte et courageuse,
elle parvint à se maintenir, elle et ses deux
enfants, au-dessus de la misère jusqu'à l'âge
où Pierre fut en état de commencer à travailler; ce qu'il fit aussitôt qu'il eut neuf ans
accomplis. Son travail, comme celui des
hommes et des enfants du village, l'emmena
bien loin de sa mère, dans les profondeurs
d'une mine.

La maison que Pierre habitait faisait partie
d'une rangée de sombres chaumières dans un
grand village situé aux environs d'une houillère. Elle n'avait rien de bien confortable
en apparence, cette demeure, qui, du reste,
ne différait en rien, quant à l'extérieur, des
autres maisons. Nul joli parterre ne s'étendait
devant les fenêtres. La petite cour n'était
ni pavée ni entretenue; et là où auraient
pu fleurir à l'aise quelques arbustes ou quelques fleurs, on trouvait des tas de poussière
et de décombres, ou bien des débris de
charbon à demi consumés et recouverts de
cendres noirâtres. Très peu de mineurs, en
général, ont le goût des travaux et des jouissances champêtres; aussi, l'aspect de leurs

villages, pour quiconque n'y est point habitué, offre-t-il peu d'attraits et d'images sou-
riantes. o

La chaumière de la veuve Morrisson était,
nous l'avons dit, aussi sale et aussi négligée
à l'extérieur que les autres maisons. Habi-
tuée, comme ses voisins, à cet état de choses,
elle n'en souffrait pas, et n'entendait rien aux
mille petits embellissements qu'un peu de
travail, de goût et d'adresse eussent pu se-
mer autour de sa demeure.

Cependant l'intérieur ne manquait ni d'ordre ni de propreté, ce luxe de l'ouvrier intelligent. Il s'y trouvait deux chambres, plus
un grenier qui occupait toute la partie supérieure de la maison.

Dans l'une de ces chambres, qui était
celle où se réunissait la famille, il y avait
deux bonnes tables, dont l'une, en acajou,
soigneusement entretenue ; un assortiment
de chaises fortes et brillantes de propreté ;
une pendule ; un petit bureau et un dressoir
chargé de jolies poteries et de plateaux
bien vernis. Dans l'autre pièce, qui servait
de chambre à coucher à la mère et à la fille,
on trouvait un bon lit à colonnes, bien haut

et bien moelleux ; ensuite une grande com-
mode aussi en acajou ; puis une jolie petite
table de toilette, et enfin un miroir. Le plan-
cher était recouvert d'un bon et solide tapis ;
et il n'y avait pas jusqu'à la mansarde, qui
servait de chambre à Pierre, qui ne renfer-
mât une quantité de choses confortables et
ne fût, comme le reste de la chaumière, entretenue avec une scrupuleuse exactitude.

Je ne dois pas oublier de mentionner que
dans la première pièce se trouvait encore
une petite étagère contenant une vieille Bible
de poche usée et noircie, qui avait appartenu
au père de Pierre, et que tous, dans la maison, ne touchaient qu'avec vénération et
respect ; elle contenait aussi un ou deux
livres d'hymnes, un exemplaire du *Voyage
du Chrétien*, et quelques autres ouvrages du
même genre. Outre cela, sur la table d'acajou était posée une grande Bible de famille,
bien reliée et garnie à l'intérieur d'une foule
de gravures de l'histoire sainte.

Maintenant que j'ai ainsi décrit la demeure
de Pierre vers l'âge de treize ou quatorze
ans, je vais vous raconter comment il em-
ployait son dimanche.

CHAPITRE II.

Dimanche.

Il était six heures, et, à peine levé, le soleil dardait déjà un brillant rayon dans la chambre du jeune Morrisson au moment où celui-ci ouvrait les yeux pour la première fois. Il s'élança hors de son lit avec terreur, car, dans le trouble du réveil, il ne pouvait se rappeler quel jour c'était, et, tout somnolent encore, il redoutait d'avoir trop dormi et d'être en retard pour ses travaux. Mais bientôt il se rappela que le jour béni qui venait de luire le dispensait de tout travail; et, à cette pensée du dimanche, un tel sentiment de joie se répandit dans l'esprit et dans le cœur de Pierre, que ceux-là seuls qui travaillent péniblement, soit des mains soit de la tête, peuvent le comprendre et le partager.

« Je peux encore me recoucher pour une heure ou deux ce matin, si cela me plaît, » se dit-il, et il se préparait, en effet, à rentrer dans son lit, quand cette strophe d'une hymne qu'il avait apprise, lui revint à la mémoire :

> C'est le dimanche où la sereine aurore
> Vit lo Sauveur remonter du tombeau ;
> Dans le sommeil, pourquoi passer encore,
> De ce beau jour le moment le plus beau ?

« Après tout, j'ai assez dormi et je ne suis pas fatigué, » reprit le jeune garçon en réfléchissant ; et, après un petit effort pour résister à la tentation, il commença à s'habiller.

Il est maintenant sept heures, et toute la famille est réunie pour le déjeuner ; mais Pierre a déjà repassé les leçons qu'il doit réciter à l'école du dimanche, espérons aussi qu'il n'a point oublié de répéter la prière du matin, que sa pieuse mère lui apprit dans sa première enfance ; à moins pourtant qu'il n'ait préféré chercher et trouver lui-même les requêtes qu'il veut présenter à Dieu.

Rien, dans l'extérieur de Pierre Morrisson, n'eût trahi ses occupations journalières ; car

il avait, dès la veille, soigneusement fait dis-
paraître toute trace de la poussière de charbon dont les mineurs sont couverts pendant
leurs travaux ; et son costume du dimanche,
coquet et soigné, formait un véritable con-
traste avec ses vêtements de la semaine.

Quand le déjeuner fut fini, la mère et ses
deux enfants prirent leurs Bibles, et, chacun
à son tour, verset par verset, ils lurent deux
ou trois psaumes, dont l'un se trouvait être
le XCI^e : c'était le préféré de Mme Morrisson,
parce qu'il parle de la protection que Dieu
accorde à ceux qui se confient en lui. Ainsi
que Pierre, elle n'ignorait aucun des redou-
tables dangers que présente la profession de
mineur ; et, quand son fils unique était loin
d'elle, employé dans les entrailles de la terre,
et, pour ainsi dire, hors de l'atteinte de toute
protection humaine, c'était la grande, la
seule consolation de la veuve, de penser que
même là, il était encore abrité sous l'aile du
Tout-Puissant. Depuis longtemps déjà, elle
avait obtenu de Pierre qu'il apprît ce psaume
par cœur, et souvent, dans ses dangereuses
occupations, il s'en était souvenu et se l'était
répété avec encouragement.

Une fois la lecture achevée et lorsque Mme Morrisson, agenouillée entre ses deux enfants, eut adressé à Dieu une courte mais fervente prière, il fut grand temps pour le frère et la sœur de se rendre à l'école du dimanche, et ils se mirent en route sans plus de retard.

C'était une belle matinée du commencement de l'été; aussi, comme tous les habitants étaient rassemblés çà et là, le village n'avait-il plus cet air d'abandon et de désolation dont je vous ai parlé.

C'est alors qu'il était facile de se rendre compte de la différence qui existait entre les familles craignant Dieu et celles qui ne le craignaient pas; car les premières se préparaient d'une manière calme et paisible aux devoirs religieux et aux douces joies du jour du Seigneur; tandis que les autres flânaient insoucieusement devant leurs portes, ou se disposaient à chercher leur propre satisfaction.

Ainsi, l'on voyait de petits groupes de garçons et de filles se diriger, avec leurs livres, du côté de l'école du dimanche, et se croiser en chemin avec des bandes joyeuses

s'en allant où les attiraient leurs penchants,
leurs goûts et leurs plaisirs.

Comme Pierre et Marie passaient à côté
d'un de ces derniers groupes, un garçon
d'une quinzaine d'années en sortit et appela :

— Pierre, Pierre, il faut que tu viennes
avec nous ; nous allons faire une magnifique
et délicieuse excursion ce matin, dit-il en
employant le dialecte rude et grossier de cette
partie du pays que je ne chercherai point à
reproduire.

— Merci, Joseph, mais je préfère n'y point
aller, reprit Pierre avec douceur et fermeté.

— Ah ! bien ! si j'étais toi, je ne continue-
rais certes pas à aller à l'école du dimanche,
répondit son compagnon ; je suppose que tu
en as assez ; car, pour moi, je trouvais fort
ennuyeux d'y aller, quand j'y allais !...

— Mais moi je l'aime·beaucoup, repartit
Pierre.

— Bah ! je sais ce qui en est : tu l'ai-
mes parce qu'il le faut, répliqua le jeune ten-
tateur ; et tu n'y vas que parce que ta mère
t'y force.

Ceci déplut singulièrement à Pierre. Il
était un peu honteux, — honteux n'est peut-

2

être pas le mot, mais enfin il lui était désagréable qu'on lui reprochât ainsi d'obéir à sa
mère. Il était arrivé à cet âge où certains
jeunes gens, surtout ceux qui travaillent
beaucoup et depuis longtemps pour subvenir
à leurs besoins, trouvent qu'il serait temps
de commencer à faire leur volonté et à n'être
plus aussi strictement surveillés par leurs
parents. Bien que Pierre ne se rendît pas
exactement compte de cette impression, il
était cependant en danger de tomber dans
cette grande et fatale erreur, et d'oublier ce
précepte biblique : « Mon fils, écoute l'in-
» struction de ton père, et n'abandonne pas
» l'enseignement de ta mère ; car ce seront
» des grâces assemblées autour de ta tête et
» des colliers à ton cou » (Prov., I, 8, 9).

Il est vrai que Pierre n'avait plus de père
dont il pût écouter les instructions ; mais il
avait une bonne et pieuse mère, dont certes
rien ne devait le rendre honteux, et à laquelle il pouvait obéir joyeusement et sans
crainte.

— Non, ma mère ne me force point à aller
à l'école ; Joseph, tu te trompes, reprit
Pierre en rougissant.

— Ah! vraiment! dit le jeune Saville d'un ton légèrement ironique.

Ce n'était pas précisément un mauvais garçon que ce Joseph Saville : entre Pierre et lui il existait même une sorte d'attachement, né de leurs rapports quotidiens ; car ils travaillaient ensemble dans une même partie de la mine.

Le plus grand malheur de Joseph était que ses parents ne fussent pas de vrais chrétiens. Ils allaient bien quelquefois dans un lieu de culte, mais ils y tenaient fort peu, et, en général, laissaient leurs enfants se conduire, à cet égard et à bien d'autres, comme bon leur semblait.

Quelques années auparavant, Joseph avait été envoyé à l'école du dimanche; mais, n'étant pas surveillé, il s'en était vite lassé et avait préféré disposer de son dimanche, soit pour satisfaire sa paresse, soit pour se livrer au plaisir.

Aussi avait-il peine à comprendre comment Pierre, ou n'importe quel autre de ses camarades, pouvait encore aller volontairement à l'école du dimanche.

Il reprit donc :

— C'est par trop fort d'être obligé de passer le dimanche comme tu le fais, Pierre, après avoir travaillé sous terre toute la semaine. Je voudrais bien savoir pourquoi sont faits les dimanches, s'ils ne sont pas pour que *nous*, ajouta-t-il en appuyant sur ce mot, pour que nous en jouissions, surtout par une si belle journée !

Je regrette d'être forcé de convenir que Pierre s'était presque laissé persuader par son compagnon. Il oubliait dans ce moment combien de paisibles et réelles jouissances il avait souvent trouvées dans les tranquilles devoirs que lui imposait ce jour béni, et combien de fois il s'était dit qu'il était impossible d'en goûter de pareilles dans la désobéissance aux commandements de Dieu. En vain avait-il appris à répéter : « Jamais la religion ne diminuera le nombre de nos joies ; » cette vérité ne se présentait point à son esprit à cette heure de tentation.

Joseph Saville vit l'avantage qu'il avait remporté, et pressa de plus en plus son jeune camarade d'accepter sa proposition et de « laisser là l'école du dimanche. » Pierre était sur le point de céder, tant parce que cette matinée d'été était réellement bien engageante, que pour prouver qu'il ne craignait point sa mère (bien qu'il sût qu'elle serait profondément affligée de sa conduite) ; lorsqu'un texte, qu'il avait appris et récité huit jours auparavant, lui revint à l'esprit : « Mon fils, si les pécheurs te veulent attirer, » n'y consens point » (Prov., 1, 10).

A ce souvenir, le jeune garçon rougit excessivement et répondit avec vivacité :

— C'est inutile, je ne veux pas aller avec toi ; je préfère ne pas y aller.

Et, sans s'arrêter davantage à écouter les raisonnements de Joseph, il reprit la main de sa sœur et, hâtant le pas, arriva bientôt à l'école sans autre délai.

Cela ne paraît qu'un simple incident à peine digne d'être cité, et cependant Pierre et Joseph furent tous deux forcés, par les événements de la semaine, d'y réfléchir longuement ; c'est pour cela que nous nous y sommes arrêtés.

Je pourrais continuer à vous dire en détail comment Pierre passa le reste de sa journée, ce qu'il apprit et ce qu'il entendit à l'école ; puis comment, dans l'après-midi, il accompa-

gna sa mère et sa sœur au culte public, et
fut vivement frappé d'un sermon prêché sur
ce texte solennel : « Prépare-toi à la rencontre de ton Dieu ; » sermon d'autant plus ap-
proprié à ceux à qui il s'adressait que le prédicateur retraça, avec simplicité et bonté,
les dangers de toute nature qui menaçaient
chaque jour ses auditeurs, et leur rappela la
possibilité, pour ne pas dire la probabilité,
que quelqu'un d'entre eux fût précipité dans
l'éternité sans avoir seulement une minute de
préparation, une minute pour dire : « Mon
Dieu, aie pitié de moi ! »

Quelques-uns des mineurs présents sentirent la vérité de cet avertissement et devinrent sérieux et rêveurs. Pierre fut de ce
nombre.

Mais je dois passer sur tous ces détails, et
vous dire seulement que, vers le soir, le jeune
Morrisson se sentait heureux d'avoir résisté
aux insinuations de Saville. Il se trouvait dé-
lassé et rafraîchi par le repos ; son esprit
avait reçu de l'instruction ; il avait entendu
des choses qui pouvaient contribuer à son
bonheur éternel ; il avait joui à loisir de la
douce société de sa mère et de sa petite

sœur ; et, dans la charmante promenade qu'ils avaient faite plus tard tous ensemble, il avait pris assez d'exercice, de soleil et de grand air, pour en garder toute la semaine, au fond de la mine, le plus délicieux souvenir.

De son côté, Joseph, qui avait passé le dimanche en courses vagabondes et en jeux bruyants avec des compagnons aussi légers que lui, ne rentra que fort tard dans la soirée, se sentant aussi fatigué qu'il l'était parfois après une longue et pénible journée de travail, et peut-être plus mécontent. Il n'avait eu aucun vrai plaisir, et n'avait appris que des choses plutôt capables de corrompre son esprit que de l'orner et de l'instruire.

Il en était à peu près de même de tous les autres habitants du village. Ceux qui appelaient le sabbat leurs délices, le jour béni de l'Eternel, et qui avaient honoré Dieu en honorant la journée qu'il s'est choisie, ceux-là étaient de beaucoup plus heureux le soir que ceux qui n'avaient consacré leur temps qu'à des plaisirs frivoles ou sensuels.

Il en est toujours ainsi dans toutes les classes de la société : les chrétiens seuls peu-

vent dire, à chaque retour du dimanche :
« C'est ici la journée que l'Eternel a faite ;
» égayons-nous et nous réjouissons en elle »
(Ps. CXVIII, 24). « Je me suis réjoui à cause
» de ceux qui me disaient : Nous irons à la
» maison de l'Eternel » (Ps. CXXII, 1), et
ils peuvent ajouter : « Oh ! que tes taberna-
» cles sont aimables ! Oh ! qu'heureux sont
» ceux qui habitent dans ta maison et qui te
» louent incessamment ! car un jour vaut
» mieux dans tes parvis que mille ailleurs »
(Ps. LXXXIV, 2, 5, 11). Tandis que, pour
les autres, ce même jour ne leur apporte
souvent que des vexations, de la fatigue,
s'il ne pose pas quelquefois pour eux les
bases de douleurs futures ! Tant il est vrai
que

> Ce beau jour, quand Dieu le bénit,
> Promet une heureuse semaine ;
> La force en raison de la peine ;
> Le bonheur, baume de l'esprit.

> Mais un dimanche sans Sauveur,
> Messager que le temps emporte,
> Quelque plaisir qu'il nous apporte,
> Nous présage quelque douleur.

CHAPITRE III.

Lundi.

Bien que le soleil ne dût paraître que dans deux heures environ, la nuit n'était pas tout à fait obscure, grâce au clair de lune qui l'inondait de ses pâles rayons, lorsque nous retrouvons Pierre déjà debout et tout prêt à se rendre au travail. Un déjeuner pris à la hâte, déjeuner qu'avait préparé Mme Morrisson, levée même avant son fils ; les provisions du jour soigneusement enveloppées et placées dans un petit sac destiné à cet usage ; quelques mots affectueux échangés entre la mère et le fils, ainsi qu'une courte invocation adressée à Dieu par cette tendre mère, tout cela ne prit qu'un instant ; et Pierre disparut mêlé à une foule d'hommes et de garçons de tout âge, se pressant tous dans une même direction, c'est-à-dire vers l'ouverture de la houillère.

Quiconque eût vu la veille ces hommes vêtus de leurs costumes du dimanche, et les eût revus ce matin-là dans leurs grossiers vêtements de travail, ne les eût peut-être pas reconnus. Ces vêtements, faits en forte et rude flanelle d'une couleur sombre, sont, la plupart du temps, recouverts d'une épaisse couche de poussière de charbon.

Ils se reconnaissaient pourtant entre eux tous ces mineurs; car Pierre eut bientôt rejoint une petite troupe d'hommes qui travaillaient dans la même partie de la mine, et parmi eux se trouvait Joseph.

Il ne leur fallut pas longtemps pour arriver à l'entrée du *puits*, nom que l'on donne aux ouvertures par lesquelles les mineurs descendent dans les mines, ou en remontent. Alors commença l'opération de descendre tous ces hommes et tous ces enfants.

Comment faire pour vous décrire cette scène? Me confierai-je à mes souvenirs, ou demanderai-je l'assistance de quelqu'un qui y

soit descendu comme spectateur? Comme je
crois que cela vaut mieux, voici à peu près
ce qu'écrivait un voyageur qui avait eu la
curiosité d'explorer une mine :

« Comment donc allions-nous descendre?
» Nous vîmes un trou profond dans une terre
» glissante et noire qui semblait comme gou-
» dronnée ; et au-dessus nous vîmes une
» espèce de poulie, ou machine destinée à
» monter et à descendre des poids considé-
» rables ; de là pendait une chaîne à laquelle
» était attaché un immense panier qu'on ap-
» pelle *benne*.

» Nous nous fixâmes dans le panier debout
» et étreignant la chaîne de nos mains ; puis
» le signal fut donné ; nous commençâmes
» à descendre lentement, avec un balan-
» cement doux et régulier, dans une espèce
» de puits d'environ six pieds de large et
» planchéié de tous les côtés.

» Je tins mes yeux fixés sur l'ouverture,
» qui s'amoindrissait de plus en plus à me-
» sure que nous descendions, jusqu'à ce qu'à
» une grande profondeur je me sentis pris de
» vertige et fus obligé de baisser la tête ;
» d'autant mieux qu'à chaque instant ma

» figure était désagréablement chatouillée
» par la chute de petits morceaux de char-
» bon, dont les coups augmentaient de vio-
» lence à mesure que nous approchions du
» fond. Nous recevions aussi de larges gout-
» tes d'eau qui se détachaient des parois. »

» A mesure que la descente s'opérait, tout
» s'obscurcissait autour de nous ; les bruits
» qui se faisaient sur la terre ne nous par-
» venaient plus que très indistinctement,
» jusqu'à ce qu'ils s'éteignissent tout à fait,
» suivis alors d'un silence lugubre, inter-
» rompu parfois, à de longs intervalles, par
» le frottement soudain du panier contre les
» murs.

» Enfin, après une descente d'environ
» 600 pieds, j'entendis une voix d'homme
» au-dessous de moi, et bientôt j'entrevis
» deux faibles lumières. Les hommes dont
» j'avais entendu la voix se trouvaient à ce
» que j'appellerai les galeries supérieures,
» parce que précédemment c'était là que
» s'arrêtait la profondeur du puits et qu'a-
» vaient été faites de premières et heureuses
» fouilles.

» Je n'eus pas le loisir de faire aucune

» question à cet endroit, car notre guide
» nous cria : « Tenez ferme la corde ! » et la
» benne s'ébranlant de nouveau nous fûmes
» bien vite replongés dans la plus profonde
» obscurité.

» Au bout de quelques secondes j'entendis
» d'autres voix au-dessous de moi ; puis le
» panier s'arrêta et nous nous hâtâmes d'en
» sortir, très heureux de nous retrouver de-
» bout sur la terre ferme. »

Telle est la description que ce voyageur fait
de la manière dont s'opèrent les descentes ;
et je suppose que nul de mes jeunes lecteurs
ne lui envie son voyage dans un panier.

Mais l'habitude nous réconcilie à des
choses bien plus étranges, et Pierre Morrisson
était si accoutumé à ce moyen d'arriver à son
ouvrage, qu'il ne s'en préoccupait plus du
tout. Et cependant, le pauvre garçon n'avait
pas toujours l'avantage de la benne : il n'était
pas rare qu'il se vît obligé de descendre d'une
manière plus périlleuse encore. Vous allez en
juger. Deux hommes ou deux garçons, étant
sur le point de descendre, faisaient un nœud
au bout d'une corde, puis chacun, passant
sa jambe dans ce nœud, s'enlaçait à l'autre,

de manière qu'ils opéraient leur descente
dans une sorte de terrible et dangereuse fra-
ternité; mais si la machine à laquelle cette
corde est attachée venait à s'arrêter, ou que
le câble se rompît, ou que le nœud seulement se défît, ils seraient infailliblement
précipités dans l'abîme et tués l'un et l'autre
par cette horrible chute. C'est effrayant,
n'est-ce pas? Eh bien, eux ne s'en inquiètent
nullement.

Quelquefois il y a deux cordes suspendues
dans le même puits, l'une montant, l'autre
descendant son fardeau humain, ce qui parfois, vers le milieu du puits, occasionne des
rencontres soudaines, mais cependant pré-
vues et non dangereuses.

D'autrefois, il y a plus d'un couple suspendu à la corde. Il y a encore une autre
manière de descendre. On se sert pour cela
d'un grand cube en fer, pouvant contenir huit
à dix personnes, et vous imaginez facilement
de quelles cordes, ou plutôt de quels câbles
à toute épreuve on se sert pour effectuer une
pareille descente sans aucun risque pour les
mineurs; on appelle généralement ce cube
une *cage*.

Ce fut donc de l'un de ces trois moyens
que Pierre et ses compagnons se servirent
pour atteindre le fond de la mine ce lundi
matin. Ce ne fut néanmoins pas long, car,
avant une demi-heure, il ne restait plus personne à l'entrée du puits, et les travaux des
mineurs ainsi descendus étaient déjà en
pleine activité.

Maintenant que j'ai parlé de la descente,
laissez-moi vous parler de la mine elle-
même.

Une houillère ne consiste pas simplement
en un grand trou au fond duquel on puise le
charbon. Ce trou ou puits n'est que l'entrée ;
le vestibule en quelque sorte de la mine.
Quand on a atteint la profondeur du puits,
on trouve la mine elle-même, divisée en galeries, en passages et en couloirs se dirigeant
dans toutes les directions, jusqu'à une grande
distance souterraine. Les galeries ressemblent
assez aux rues d'une grande ville ; car elles
se croisent en tous sens, et dans les houillères importantes, il y en a même qui ont
plusieurs lieues de long. A droite et à gauche
de ces galeries s'ouvrent ce qu'on appelle
des veines. Ces veines, sortes d'excavations

qui varient de profondeur, produisent le charbon ; c'est-à-dire que c'est de là qu'on l'extrait, en ayant toujours soin de ne creuser qu'avec précaution, afin d'être sûr de laisser une épaisseur convenable entre les parois de ces divers renfoncements, et de ne pas risquer d'en faire ébouler la partie supérieure sur la tête des ouvriers. Je dois dire encore qu'outre les grandes galeries, il y a des passages ou couloirs qui les font communiquer entre elles ; mais quelques-uns de ces derniers sont si bas qu'on ne peut s'y tenir debout, et, pour y faire passer les charges de charbon, les mineurs sont obligés de se tenir complètement courbés, ou même, parfois, couchés sur le dos en s'aidant des pieds et des mains ; ce qui est très fatigant, et, plus que cela, parfois très dangereux.

Lorsqu'une certaine quantité de charbon a été extraite, il faut songer à la transporter, ce qui se fait sur de petits wagons carrés à roues très basses. Quelquefois l'endroit d'où l'on a sorti le charbon est à l'autre extrémité de la mine, ce qui demande beaucoup de peine et de temps ; mais n'importe : il faut qu'il arrive à l'entrée du puits, où la même machine qui sert à descendre les mineurs est alors employée à en remonter des charges considérables.

Encore un mot sur les couloirs dont je vous parlais tout à l'heure. Il est urgent de les tenir constamment fermés, et, dans ce but, ils sont pourvus de portes appelées *trappes* en style de mine; mais, comme ces portes sont nécessairement ouvertes pour laisser passer les wagons de transport, on a dû prendre des précautions pour s'assurer qu'elles fussent instantanément refermées. Nous nous occuperons de ces précautions que je vous ferai connaître bientôt.

Ai-je besoin de vous faire remarquer tout ce qu'il y a d'affreux dans ce séjour des mines, ce que cette obscurité éternelle et profonde a de lugubre? Le cœur se serre quand on pense que jamais un rayon de la bonne lumière du soleil ne viendra se jouer entre les galeries et dissiper l'humide atmosphère qui pèse sur chaque travailleur; que jamais une clarté plus brillante ne rayonnera dans ces demeures souterraines, que la vacillante et triste lueur des lampes de sûreté!

Aussi ne peut-on s'étonner qu'au temps du
repos ou des fêtes le mineur jouisse avec reconnaissance et bonheur, non seulement des
journées éclatantes de soleil, mais encore
des plus tristes, des plus sombres jours. En
effet, le ciel le plus nuageux n'a-t-il pas plus
de charmes que les profondes ténèbres qui
règnent au fond des mines?

Et maintenant revenons à Pierre.

J'ai dit qu'il travaillait dans la mine dès
l'âge de neuf ans, et vous vous êtes sans
doute demandé ce qu'un si jeune enfant pouvait y faire. Eh bien! son premier travail fut
d'ouvrir les trappes sur le passage des ouvriers qui transportaient le charbon. A première vue cela ne paraît pas bien pénible;
mais si l'on considère que ce pauvre enfant
devait passer toute sa journée assis dans une
petite excavation, creusée juste à la porte
du couloir, qu'il devait ouvrir en tirant une
corde dès qu'il entendait le bruit des ouvriers
sous le passage et refermer aussitôt qu'ils
étaient passés, on conviendra sans peine que
si ce n'était point fatigant, c'était au moins
terriblement ennuyeux; d'autant plus qu'à
cette époque les journées de travail étaient

fort longues : le pauvre petit devait être à
son poste, été comme hiver, dès quatre heures du matin, et il ne le quittait qu'à six
heures du soir. C'était donc quatorze heures
qu'il passait, par jour, au fond de la mine,
ne voyant la lumière du soleil qu'une ou
deux heures dans les plus longues journées
d'été, et n'ayant que son dimanche à passer
au grand air.

Pierre Morrisson n'était pas le seul. Presque tous les enfants des mineurs remplis-
saient un semblable emploi, même à un âge
encore plus tendre que le sien, et je regrette
d'ajouter qu'on ne craignait pas d'employer
de pauvres petites filles à cette ennuyeuse
faction auprès des trappes.

A peine semble-t-il maintenant juste et
convenable de sacrifier ainsi les premières
années de ces jeunes enfants, surtout en leur
enlevant quatorze heures de liberté et leur
part d'air et de soleil. Mais bien que tout le
monde n'eût pas réfléchi à cela, Mme Morrisson, dans sa tendresse maternelle, s'en était
aperçue ; aussi n'avait-elle jamais voulu que
sa petite Marie s'en allât perdre au fond des
mines ses couleurs et sa santé.

Il est facile de comprendre que ces pauvres enfants ne trouvaient guère de distractions à leur vie monotone. Les heures ainsi passées dans une continuelle obscurité leur semblaient bien longues. Aussi c'est à peine si l'on peut leur en vouloir de s'être arrachés quelquefois à leur poste pour courir tout d'une haleine jusqu'à une galerie principale, afin de contempler, ne fût-ce qu'une minute, la vie, le mouvement, les tristes lumières des travailleurs, et de saisir au passage quelques sons provenant de voix humaines; mais ils n'osaient rester longtemps, de peur de manquer un transport et d'être punis de leur négligence. Et cette crainte ne suffisait-elle pas pour empoisonner l'innocente jouissance de cette courte et rare infraction?

Le meilleur passe-temps du petit Pierre était donc de penser à tout ce qu'on lui avait enseigné à l'école du dimanche, aux histoires que sa bonne mère lui racontait parfois ou bien aux cantiques qu'il savait par cœur. Souvent même le pauvre garçon se mettait à chanter quelque hymne enfantine, pour charmer ses longues heures de solitude et d'ennui.

Aussi se trouva-t-il fort heureux, lorsqu'au bout de quelques années de cette vie d'immobilité dans les ténèbres, on jugea qu'il était assez grand pour être employé aux transports, second emploi confié à la jeunesse, et qui consiste, nous l'avons déjà dit, à conduire dans ces couloirs si bas et si obscurs de lourds wagonnets ou corvées.

Combien peu, hélas! y en a-t-il, parmi ceux qui sont, l'hiver, assis auprès d'un feu de charbon bien brillant, entourés de tout le luxe et de tout le confort dont la richesse les environne, qui songent aux rudes et pénibles travaux des mineurs pour arracher ce combustible aux entrailles de la terre afin d'en faire bénéficier l'humanité! Combien même y en a-t-il qui ne se doutent pas de leurs difficultés et de leurs dangers!

Mais vous, chers jeunes lecteurs, pensez maintenant à ce petit trappeur, patiemment assis dans une obscurité totale, sans compagnon pour l'égayer, sans personne pour veiller sur lui. Pensez à ces jeunes ouvriers de transport, tirant ou poussant de toutes leurs forces la corvée confiée à leurs soins, et obligés de faire peut-être cinq à six lieues par

jour, avec leurs fardeaux, dans ces passages
où il leur est rarement possible de se tenir
debout; qui voient arriver le moment de
quitter la tâche tellement brisés par la fatigue, que c'est à peine s'ils ont la force de se
traîner à l'entrée du puits, de saisir la corde
et de se laisser remonter, presque endormis,
jusqu'à la surface du sol, où la brise du soir
les réveille.

Pensez ensuite à l'ouvrier proprement dit,
au tailleur de charbon, qui, armé d'un pic
ou d'une pioche, rampant sur ses mains et
sur ses genoux, et souvent obligé de s'allon-
ger sur le dos pour forcer son pic à détacher
un bloc de charbon, passe dans les exploitations plus de la moitié de sa vie : exposé à
l'eau, exposé à être enseveli sous les ruines
de son propre travail, exposé, en un mot, à
des dangers sans nombre.

Pensez à cette existence des mineurs, toujours la même, jour après jour, année après
année, sans variation, sans changement, sans
avoir l'occasion de voir, de connaître les ma-
gnificences de la nature, les scènes charmantes de la vie rurale; et peut-être alors serez-
vous plus reconnaissants pour les bénédictions

dont il vous est permis de jouir, moins dis-
posés à voir les épines de votre propre sort,
à vous plaindre de ce que vous appelez les
désagréments insupportables du lot qui vous
a été assigné.

Mais je voudrais encore vous convaincre
d'une chose importante : c'est que ces pauvres mineurs, jeunes ou vieux, condamnés à
une si laborieuse et pénible existence, peuvent être plus heureux dans leur cœur que
vous ne l'êtes vous-mêmes, s'ils aiment le
Seigneur Jésus et que vous ne l'aimiez pas.

Ah! plus d'un petit garçon solitaire auprès
de sa trappe, plus d'un jeune homme gui-
dant son wagon dans un étroit couloir, plus
d'un ouvrier faisant retentir la voûte souterraine de ses coups de pic répétés, ont connu
et connaissent encore cette joie glorieuse qui
transforme l'homme ; cette joie qui naît de
l'espoir, que, par la grâce, ses péchés lui
sont pardonnés, et que, lavé maintenant dans
le sang de l'Agneau, sanctifié par la sainte
influence de l'Esprit divin, il marche au chemin du salut qui conduit à la vie éternelle !
Oui, dans la plus sombre, la plus dangereuse,
la plus basse de ces galeries, cette hymne,

j'en suis sûr, s'est bien des fois échappée,
non seulement des lèvres, mais du cœur
même de plus d'un travailleur :

Ta grâce, ô Jésus, illumine
Ce lieu sombre où mon cœur languit;
Paradis, si ta voix l'anime,
C'est un enfer sans ton Esprit.

Jamais ni le ciel ni la terre
Ne pourront offrir de bonheur,
De paix, à l'âme solitaire
Qui méconnaîtra son Sauveur.

Oh! que tes promesses sont belles!
Que ton joug est doux à porter!
Jésus, à l'ombre de tes ailes,
Qu'il est doux de se reposer!

Mais vainement mon cœur s'élance
Sur l'aile d'un désir brûlant :
Je suis trop loin de ta présence...
O Jésus, viens vers ton enfant!

Il faut pourtant que je termine le récit de
ce lundi, et, pour finir, je vous dirai seulement que les travaux marchèrent comme de
coutume dans la mine. Pierre et Joseph étaient
employés ensemble aux mêmes corvées, l'un
tirant, l'autre poussant, afin de rendre le tra-
jet moins difficile, car il était long; et les

deux enfants avaient une véritable course à
faire pour transporter le charbon d'une partie éloignée de la mine, où l'on remplissait
leur wagon, jusqu'à l'entrée du puits où ils
la déchargeaient. Vers le milieu de la journée,
ils eurent une heure de repos dont ils avaient
grand besoin, et ils en profitèrent pour déjeuner ; puis ils recommencèrent leur tâche,
n'ayant pour toute lumière que les lampes
vacillantes qui brûlaient çà et là dans les exploitations où quelques mineurs étaient employés. Ils furent, comme toujours, très heureux quand vint l'heure de quitter la mine,
et ils en sortirent par la même voie qu'ils y
étaient entrés.

Arrivé chez lui, Pierre se sentait très disposé à prendre part au souper ; mais, avant
de songer à se mettre à table, il dut enlever
soigneusement de toute sa personne les tra-
ces impures de ses travaux. Du reste, c'est
l'habitude commune à tous les ouvriers de la
houillère. On a écrit à ce sujet :

« Chaque homme et chaque enfant, à la
sortie de la mine, opère immédiatement un
lavage complet de toutes les parties de son
corps qui se sont trouvées en contact avec la

3

houille ; après quoi, ou bien il change de vêtements, ou il se hâte de souper et d'aller
se coucher. Le costume de flanelle avec lequel il travaille est assez fréquemment soumis à l'action de l'eau et du savon ; car il
faut remarquer, à la louange des mineurs,
que, quel que soit l'état de leurs villages ou
de leurs maisons, ils sont d'une propreté
scrupuleuse pour eux-mêmes. ».

Le travail du lundi était donc terminé ;
Pierre, après un bon souper, fut heureux de
gagner sa mansarde et d'y puiser, dans un
sommeil réparateur, les forces nécessaires au
lendemain. Bientôt aussi dans le village toutes les lumières et tous les bruits s'éteignirent ; le silence et l'obscurité y régnèrent
seuls. Si quelqu'un s'y était hasardé à cette
heure, on n'aurait vu que les énormes feux
provenant des résidus de charbon que l'on
fait brûler à l'entrée des houillères, ainsi
que les hautes cheminées des fourneaux qui
faisaient agir la machine à vapeur, chargée
de remonter la houille hors de l'exploitation.

CHAPITRE IV.

Mardi.

Avant de commencer le récit de cette nouvelle journée, je voudrais vous parler de quelques-uns des dangers auxquels sont continuellement exposés ceux qui travaillent au fond des mines.

Ces dangers sont nombreux et terribles.

Par exemple, la descente et l'ascension quotidienne par laquelle ils arrivent à leurs travaux ou regagnent leurs demeures est-elle elle-même sans danger? Malheureusement non; car si la corde ou la chaîne venait à se rompre, que la machine se dérangeât, ou que les mineurs fissent un faux mouvement, il est certain qu'une mort instantanée serait

le résultat de pareils accidents ; heureusement qu'ils sont très rares.

Les plus terribles dangers attendent le travailleur au fond de la mine.

Parlons d'abord de celui qu'on nomme
DÉGAGEMENT. C'est un air vicié, appelé acide
carbonique, qui, se dégageant soudain
d'une partie quelconque de l'exploitation,
donne une mort certaine à celui qui le respire. Toutes les houillères sont plus ou moins
exposées au dégagement de ce gaz délétère.
Le seul moyen préventif offrant quelque
sûreté est de faire circuler dans toutes les
parties de la mine de grands courants d'air
frais qui puissent chasser ces vapeurs mor-
telles et procurer aux mineurs une atmosphère pure.

Un autre danger provient d'un gaz inflammable connu sous le nom d'hydrogène, gaz
subtil qui, répandu dans l'air, prend feu et
éclate comme la poudre à canon, aussitôt que
la flamme l'approche.

Des accidents affreux ont été occasionnés
par ces explosions qui ont tué des centaines
de personnes. On a même reconnu que ce
gaz est une source de dangers si constants

dans toutes les exploitations de charbon,
qu'il est défendu maintenant de porter une
chandelle dans les galeries. C'est pourquoi
les ouvriers se servent de lampes renfermées
dans des lanternes de gaze métallique, à
travers laquelle la flamme ne peut se communiquer. Cette sorte de lampe se nomme
lampe de sûreté ou lampe Davy, du nom de
son inventeur, sir Humphrey Davy, dont
l'ingénieuse découverte a sauvé bien des
vies. Mais quoique le danger ait considérablement diminué depuis que ces précautions
ont été prises, il n'a pas cependant entièrement disparu.

Un autre péril qui menace les mineurs est
LA SUBMERSION. Mes jeunes lecteurs se ren-
dront facilement compte de la manière dont
ce danger se présente, s'ils se souviennent
que la terre sur laquelle nous marchons ren-
ferme des sources innombrables; il s'ensuit
naturellement qu'en creusant pour obtenir le
charbon, la pioche peut rencontrer une de
ces sources, qui jaillissant tout à coup avec
une violence proportionnée à son importance,
peut en un instant envahir la mine et causer
des pertes irréparables.

On se débarrasse de l'eau au moyen de
pompes puissantes mises en mouvement par
des machines à vapeur ; mais si par hasard,
pour une cause ou pour une autre, la machine s'arrête et que les pompes cessent de
fonctionner, l'eau augmente avec rapidité jusqu'à ce que, excavations, couloirs, galeries,
tout en soit rempli et qu'il faille abandonner
entièrement l'exploitation.

Mais cet abandon même peut avoir de
graves inconvénients. Dans un sol reconnu
riche en couches de houille, on peut ouvrir
un certain nombre d'exploitations, faire des
dépenses énormes de frais et d'entretien ;
puis, un jour, un ouvrier donnera un coup
de pioche malencontreux qui ouvrira un passage à l'eau depuis longtemps amassée dans
une exploitation abandonnée, mais voisine ;
et, torrent furieux, elle s'élancera dans la
houillère, brisant et renversant tout, et cau-
sant la mort des malheureux mineurs avant
que rien ait pu être tenté pour leur délivrance.

Vous le voyez, chers enfants, les accidents
sont bien terribles ; car soit par un dégagement d'un air vicié ou de gaz inflammable,

soit par une seule inondation, la moitié des ouvriers d'un village peuvent perdre la vie en quelques heures, hélas! en quelques instants.

Il est donc facile de comprendre combien le texte sur lequel le prédicateur avait parlé le dimanche précédent était d'un terrible à propos, et combien les auditeurs sérieux avaient dû en être impressionnés.

Ah! ce sont particulièrement les mineurs, ces hommes exposés plus que les autres à une mort imprévue et peut-être sans préparation, qui peuvent méditer les solennelles paroles du roi-prophète : « Tu réduis l'homme » mortel en poussière, et tu dis : Fils de » l'homme, retournez... Tu les emportes » comme par une ravine d'eau; ils sont comme » une herbe qui se change, laquelle fleurit le » matin et elle se fane, le soir on la coupe et » elle sèche » (Ps. XC, 3-6). Et combien ne leur est-elle pas appropriée, ainsi qu'à nous, cette requête qui se lit dans le même psaume : « Apprends-nous à tellement compter nos » jours que nous en puissions avoir un cœur » sage! »

Il vous sera doux d'apprendre que les

accidents dont je vous ai parlé plus haut sont beaucoup moins fréquents qu'ils ne l'étaient jadis, et même qu'ils ne l'étaient à l'époque où Pierre Morrisson était encore enfant. Grâce à une foule de moyens ingénieux qui ont été découverts et adoptés, on peut maintenant diminuer les périls qui menacent le mineur au milieu de ses travaux.

Il me reste cependant encore à vous signaler un autre danger qui peut se manifester dans toutes les mines, et auquel il est très difficile, pour ne pas dire impossible de remédier : c'est un ÉBOULEMENT. Ni prévisions, ni précautions ne peuvent assurer la vie du mineur contre un pareil accident.

Quand on extrait le charbon, on doit veiller soigneusement à laisser, entre les diverses excavations exploitées, des piliers assez forts pour soutenir la voûte ; car dans le cas où ils seraient trop faibles, comme cela arrive quelquefois, ils crouleraient, et les plus grands malheurs pourraient en résulter ; ou bien encore, si le sol de charbon est mou, les piliers s'enfonceront peu à peu sans qu'on s'en aperçoive, et le moment viendra où,

cédant sous un poids trop écrasant, ils
s'écrouleront en entraînant dans leur chute
des parties considérables de la voûte, qui
bloqueront les galeries, ou peut-être ruine-
ront la mine entière.

Lorsqu'un tel accident arrive sans qu'on s'y
attende, bien des vies sont menacées, — soit
que l'éboulement atteigne les mineurs sur
place et les confonde sous un même linceul
de débris et de quartiers de roche, soit qu'il
ne les atteigne pas, mais les emprisonne
dans quelque excavation lointaine, où ils
devront mourir torturés par les angoisses de
la faim, de la soif et du désespoir avant que
le secours puisse arriver jusqu'à eux.

Ce fut une catastrophe de ce genre qui
arriva dans la mine où le jeune Morrisson
travaillait.

C'était le mardi matin ; tous les ouvriers
étaient à leur poste, quand soudain ils furent
alarmés par un bruit plus redoutable pour
eux que celui du plus formidable coup de
tonnerre. Moins d'une minute après, toutes
les lampes étaient éteintes, tandis que d'épais
nuages de poussière, poussés vers eux par
un courant d'air violent, venaient aug-

menter encore la terreur qu'ils ressentaient.

Les mineurs ne savaient que trop ce que signifiait l'horrible bruit qu'ils avaient entendu : aussi, dès qu'ils purent parler, ils se crièrent les uns aux autres qu'ils étaient perdus, que la mine s'écroulait! Mais ils ne ralentirent pas pour cela leur course désordonnée vers les galeries principales qui conduisaient à l'entrée de la mine : là seulement ils pouvaient être sûrs que le danger ne les atteindrait pas.

Le bruit affreux se renouvelait toujours ; on eut dit que la terre était ébranlée par ces terribles secousses. De chaque couloir sortaient des hommes, des enfants effarés, cherchant à échapper à la mort imminente qui les menaçait. Ah! dans ce moment les trappeurs oubliaient les portes, les corvées restaient à mi-chemin, les galeries étaient semées des outils de toute sorte, précipitamment abandonnés par les mineurs ; et tous, pêle-mêle, se frayaient un passage dans l'obscurité, n'ayant plus qu'une pensée, un but, une idée fixe : revoir le jour, échapper au danger, si c'était possible!

Ce fut possible.

Quelque terrible que l'accident eût été, il ne fut pas aussi désastreux qu'il aurait pu l'être.

Bientôt les lumières furent rallumées, les signaux échangés, et groupe après groupe de mineurs haletants furent hissés à terre jusqu'à ce qu'on pût croire qu'il ne restait plus personne à sauver.

Mais lorsque, réunis autour de l'orifice du puits, ils furent passés en revue, cinq de ceux qui étaient descendus dans la matinée manquèrent à l'appel. C'étaient deux mineurs, deux conducteurs de corvées, et un petit garçon employé aux trappes.

— Jacques Freeman? où est-il?

— Absent, Monsieur, ainsi que Logan son compagnon.

— Et Joseph Saville?

— Absent avec Pierre Morrisson et Robert Lester, le petit trappeur.

Cette découverte se fit rapidement et passa de bouche en bouche; mais déjà, à la première nouvelle de l'accident, quelque confuse qu'elle fût, les femmes et les enfants des mineurs étaient accourus, anxieux de savoir à quoi s'en tenir.

Aussi, lorsqu'on s'aperçut du nombre de ceux qui manquaient et que leurs noms furent connus, des cris de détresse éclatèrent dans la foule : des cris tels que je souhaite que mes jeunes lecteurs n'en entendent jamais, car c'étaient ceux des femmes et des enfants dont les maris et les pères ne se retrouvaient pas ; c'étaient ceux des mères de Joseph Saville et de Robert Lester; c'était enfin celui de la pauvre veuve pleurant son fils unique en enlaçant sa fille dans ses bras.

Certes, qu'y avait-il de surprenant à ce que ces pauvres créatures s'abandonnassent ainsi à la douleur?

Hélas! que pouvait-on supposer, relativement aux absents, sinon que les malheureux avaient été écrasés par la chute de la voûte souterraine? Il semblait presque certain que tel était leur sort, parce qu'à mesure que les mineurs réfléchissaient à l'accident, et se souvenaient de ce qui était arrivé, ils s'accordaient tous à penser que l'éboulement avait eu lieu dans cette partie de la mine où leurs infortunés compagnons étaient employés.

Que faire alors?

Ne vous imaginez pas, jeunes lecteurs,
que les ouvriers fussent assez égoïstes et
assez cruels pour se contenter de leur propre
salut, quand d'autres mineurs, s'ils n'avaient
pas péri, couraient les plus grands dangers.
Il restait encore une espérance, bien faible,
il est vrai, mais pas totalement dépourvue de
possibilité : peut-être étaient-ils encore en
état d'être secourus et sauvés. Et bien que
tous ces hommes eussent en grande hâte
quitté la mine au moment du sinistre, ils
étaient désormais pressés d'y retourner, puisqu'une raison d'humanité les y rappelait.

On encouragea les pauvres femmes et les
mères à prendre courage, leur assurant
que, si c'était possible, leurs maris et leurs
enfants leur seraient rendus. Puis, une ving-
taine de ces courageux travailleurs, ayant
à leur tête le gérant des travaux, descendirent pour aller explorer la mine.

En arrivant, ils commencèrent par allumer
leurs lampes et traversèrent une longue suite
de galeries, jusqu'à ce qu'ils parvinssent sur
le théâtre de l'accident.

Oh! quel lugubre aspect présentait cet
endroit !

La galerie était bloquée par les énormes masses qui s'étaient détachées de la voûte ; et, aussi haut que le regard des explorateurs pouvait s'étendre, ils ne découvraient que des rochers superposés et menaçant encore de crouler ; tandis que des fragments de pierre, de terre et de charbon continuaient à se détacher et à tomber sur leurs têtes.

— C'était dans une exploitation au delà de cette galerie que travaillaient Freeman et Logan, murmura un mineur au gérant, car le pauvre homme redoutait de faire cette triste révélation à haute voix.

« Est-il possible qu'ils aient pu s'échapper d'un autre côté? » telle fut la première question qu'on se posa. Mais, après un moment de réflexion, il fallut bien reconnaître que la chose était impossible. Alors, l'unique pensée qui succéda, dans le cœur de ces héroïques ouvriers, à cette espérance déçue fut que, si les mineurs ensevelis vivaient encore, ils les sauveraient à tout prix ; que, quelque peine qu'il leur en coûtât, ils ne cesseraient de travailler qu'après les avoir rendus à leurs familles, ou bien après qu'il leur aurait été pleinement démontré que de plus longs efforts seraient inutiles.

Après cette courageuse détermination, ils se hâtèrent d'appeler à l'ouvrage ceux qui n'étaient pas encore descendus ; puis ils s'armèrent des outils propres à faciliter leur œuvre de délivrance ; et quelques heures s'étaient à peine écoulées que tous ces hommes travaillaient avec une ardeur sans égale au déblaiement des galeries, ou plutôt à en creuser une nouvelle au milieu des mines. Il ne resta d'inactifs que les enfants, dont la présence et le concours furent considérés comme plus embarrassants qu'utiles.

Mais quelle tâche ils avaient acceptée, ou plutôt ils s'étaient imposée ! que de périls n'allaient-ils pas braver pour l'accomplir ! A chaque instant ils risquaient d'être écrasés par de nouvelles masses détachées de la voûte, ou de rencontrer un dégagement d'acide carbonique, qui mettrait un terme non seulement à leurs généreux efforts, mais encore à leur vies.

Ce fut cependant contre un danger d'une autre espèce qu'ils eurent à lutter : l'eau, qui d'abord avait filtré peu à peu, augmenta

si rapidement qu'ils en eurent bientôt plus
haut que les genoux, et ils durent craindre,
si elle continuait à monter, d'être obligés de
fuir.

Oh ! quelle chose affreuse, de travailler
avec incertitude, avec angoisse... de travailler dans une obscurité presque totale ;
car ils n'osaient allumer que leurs lampes
de sûreté, dont le pâle reflet éclairait à peine
les objets qui les entouraient ; de travailler,
enfin, menacés de tous ces dangers de mort
dont un seul eût suffi pour effrayer un
homme ordinaire !

Mais les mineurs ne songeaient qu'aux
malheureux exposés à périr de cette mort
terrible et lente, l'inanition ; menacés également de maux de toutes sortes, d'angoisses
inexprimables que peut-être un redouble-
ment d'efforts constants, et presque surhu-
mains, pourrait leur épargner.

Ils pensaient aussi aux pauvres familles
plongées dans une si affreuse détresse au
sujet d'un mari ou d'un fils ; ils pensaient
aux enfants de leurs compagnons auxquels
peut-être ils ramèneraient leurs pères ; et,
l'amour du prochain centuplant leur cou-

rage, ils continuèrent à travailler, quoiqu'ils fussent tout baignés de sueur et prêts à s'évanouir de fatigue.

On prit toutes sortes de précautions afin de diminuer les dangers qui les menaçaient. L'eau était pompée à mesure qu'elle se répandait dans les galeries, et, en fermant ou ouvrant certaines portes, suivant la disposition des couloirs, on parvint à purifier un peu l'air que tous ces hommes au cœur vaillant devaient respirer.

Puis longtemps avant la fin du jour, les nouvelles du désastre s'étant répandues dans les villages et les houillères des environs, des mineurs arrivèrent de tous côtés apportant le concours actif de leurs bras et de leurs efforts : tout prêts, eux aussi, à risquer leur vie pour la cause sacrée et bénie du dévouement fraternel.

Ces secours étaient bien précieux aux pauvres mineurs qui, depuis plusieurs heures déjà, travaillaient au sauvetage. Mais bien qu'incapables de continuer avant d'avoir pris quelque repos, ils ne pouvaient se décider à quitter la mine, tant était grande leur anxiété concernant la vie de leurs infortunés compagnons.

Mais qui pouvait dire s'ils vivaient encore? Qui pouvait assurer que tant d'efforts n'étaient pas inutiles? En vain on avait crié, appelé maintes et maintes fois : rien n'avait répondu à tant d'appels qu'un silence profond comme celui du tombeau. Ils se communiquaient tristement leurs craintes à cet égard, et on leur avait presque persuadé qu'il était inutile de continuer un travail aussi incertain, quand tout à coup l'un d'eux s'écria :

— Chut! mes amis! écoutez! écoutez!

Immobiles comme des statues, retenant leur souffle, tous ces hommes, dans un silence solennel, prêtèrent l'oreille pour saisir quelque son indicateur. En effet, voici un bruit, un bruit indistinct pour tout autre que pour un mineur; ce bruit, ce n'est pas une voix, c'est comme le retentissement du fer sur la pierre ou sur un bloc de charbon ; seulement, il est si éloigné qu'on comprend à peine ce que ce peut être.

Et pourtant ils le comprirent.

— Quittez l'ouvrage! écoutez encore...

Clink! clink! clink! clink! clink! cinq fois. Le voilà qui cesse ; non, il reprend : clink, clink, clink, clink, clink. Quoi! cela

s'arrête de nouveau à cinq ! Le bruit reprend...
il cesse; encore cinq coups, puis une nouvelle pause, et il recommence. Qu'est-ce que
cela signifie?

En tout ce qui regarde leur métier, les mineurs ont une grande promptitude d'esprit;
ils surent donc tout de suite ce que cela vou-
lait dire, bien que vous et moi, lecteur, nous
eussions pu être fort embarrassés pour nous
l'expliquer. Mais eux devinèrent immédiatement de quel côté venait le bruit, de quelle
distance approximative, et surtout ce que
signifiaient ces cinq coups bien isolés. En
effet, cinq d'entre eux manquaient; et que
pouvaient être ces cinq coups, s'ils n'étaient
le signe assuré que tous étaient là, sains
et saufs, espérant en leurs camarades qu'ils
savaient occupés à travailler à leur délivrance?

Une fois que ce fut un fait bien établi, un
joyeux hourra accueillit ce signal, et les
nouveaux venus se mirent à l'œuvre avec zèle
et entrain pour remplacer ceux qui, ayant
déjà passé la journée à déblayer, furent ren-
voyés sur terre pour y goûter quelque repos.
Ils portèrent de rassurantes nouvelles aux

parents désolés, qui les attendaient impa-
tiemment, et qui reçurent avec reconnaissance l'espoir que peu d'heures suffiraient
pour leur rendre leurs bien-aimés.

CHAPITRE V.

Fin de la journée du mardi.

Retournons maintenant à Pierre et à ses compagnons.

J'ai dit qu'ils travaillaient dans une exploitation éloignée de l'ouverture de la mine. Comme les autres, ils furent très alarmés par le bruit soudain et terrible causé par la chute de la voûte et des piliers qui la supportaient. Et, certes, ils avaient encore plus de raisons que les autres pour justifier leur effroi, car l'éboulement s'était fait tout près d'eux.

Il se trouva qu'au moment de la catastrophe Pierre et Joseph revenaient justement à l'exploitation, ramenant leur wagon vide. Si l'accident était arrivé quelques minutes

plus tôt ou plus tard, les deux enfants péris-
saient infailliblement, ayant à traverser une
des galeries où l'éboulement avait commencé,
et, sous ce rapport, ce fut un grand bonheur
qu'ils se trouvassent ainsi dans un lieu relativement sûr.

Mais le petit trappeur Robert, qui était de
service dans l'un des couloirs de cette partie
de la mine, fut tellement effrayé, qu'on le
vit accourir tout tremblant auprès des mineurs, après le premier choc ; et, tandis que
se répétaient les terribles secousses, le pauvre petit se cachait derrière les hommes faits,
comme pour leur demander secours et protection. Trop jeune encore pour se rendre
compte de la gravité de l'événement, mais
terrifié par le bruit, Pierre n'était pas le
moins troublé de tous.

Ainsi les deux mineurs, les deux jeunes
gens et l'enfant étaient réunis dans cette
lointaine excavation. Et qui rendra le sentiment d'angoisse profonde qui traversa leur
esprit et leur cœur ? Pelles, pioches, wagonnets, tout fut oublié, et la seule lampe qui
brulàt alors eût révélé à un observateur, s'il
y en avait eu un dans un pareil moment,

l'effroi bien naturel qui se peignait à divers
degrés sur toutes ces physionomies.

Mais la frayeur ne fit pas perdre aux deux
ouvriers leur sang-froid ; et il fut heureux
pour tous qu'ils sussent se dominer assez
pour être calmes eux-mêmes, et faire tenir
leurs compagnons tranquilles jusqu'à ce que
tous les chocs eussent cessé. Ils sentaient
que quelque chose de grave se passait entre
eux et l'ouverture de la mine ; ils devinaient
ce que ce pouvait être, et ils savaient que la
moindre tentative inexpérimentée et inop-
portune de sauvetage ne ferait que hâter
pour eux l'heure d'une mort presque certaine. Ils attendirent donc patiemment jusqu'à ce que tout parût tranquille ; alors l'un
d'eux entra dans l'étroit couloir que le jeune
trappeur avait déserté, et, prenant sa lampe,
il se glissa, avec mille précautions, sur ses
mains et sur ses genoux, vers la galerie assez
vaste sur laquelle ouvrait ce passage.

Et maintenant vous pouvez vous imaginer
dans quel état d'anxiété, difficile à décrire,
se trouvaient ses compagnons pendant tout
le temps que dura son infructueuse exploration. Les minutes leur semblaient des siècles.

Enfin il reparut et ce fut d'une voix sérieuse et solennelle qu'il leur rendit compte de ce qu'il avait vu. Il venait de traverser le couloir et de faire quelques pas dans la galerie, lorsqu'il s'aperçut qu'on ne pouvait aller plus loin , que l'éboulement l'avait complètement bloquée. Ils étaient donc ENSEVELIS VIVANTS !...

Il employa d'autres expressions pour le leur faire comprendre, mais sa voix s'altéra si sensiblement qu'elle en était méconnaissable , et prouvait assez jusqu'à quel point il sentait l'imminence du péril , et combien , malgré sa fermeté, son émotion était profonde.

— Oh ! je veux aller à la maison ! Conduisez-moi à la maison , je vous en supplie !... s'écria tout à coup le petit Robert d'un accent si plaintif et si déchirant, que, quelle que fût la rudesse du caractère et des manières de Logan et de Freeman, ils sentirent les larmes leur monter aux yeux à cette requête enfantine.

— Allons ; oui, oui, pauvre petit ! nous te conduirons chez toi aussitôt que nous aurons trouvé le moyen de sortir d'ici ; mais jusque-là, mon petit homme, il faut être

calme et attendre patiemment. Quant à vous,
mes garçons, restez ici, ajouta-t-il, tandis que
Logan et moi nous irons voir ce qu'il y a de
mieux à faire.

— Oh! ne nous laissez pas dans l'obscurité! s'écria l'enfant d'un ton suppliant.

Aussitôt on alluma une autre lampe et
les deux hommes disparurent en rampant
dans l'étroit couloir. Ils restèrent plus longtemps absents cette fois que la première;
mais comment vous décrire l'état de la galerie à travers laquelle ils durent se frayer un
passage? Qu'il me suffise de vous expliquer que, bien qu'une des parties de la galerie, celle qui s'avançait vers l'intérieur de la
mine, fût parfaitement libre, il n'y avait
d'espérance de salut que du côté qui se trouvait complètement obstrué et qui conduisait
vers le puits. A quelle distance s'étendaient
les ravages de l'éboulement? c'était ce dont
ils ne pouvaient se rendre compte; mais ce
qu'ils en voyaient leur faisait malheureusement comprendre qu'ils étaient murés de ce
côté-là et qu'il n'y avait plus à songer à la
fuite.

Cependant il restait encore une dernière

espérance dont le souvenir les frappa tout à coup. Dans la confusion qu'avait produite l'accident, les malheureux avaient totalement oublié qu'il existait un autre passage conduisant vers un puits très étroit, destiné à renouveler l'air de cette partie de l'exploitation. Ils se hâtèrent donc de rétrograder, afin de gagner ce second couloir ; mais, hélas ! peine inutile ! l'éboulement l'avait atteint et détruit, enlevant ainsi tout espoir aux malheureux mineurs.

Déjà les pauvres prisonniers commençaient à se ressentir des effets du manque d'air. Ils semblaient destinés à périr étouffés, car il ne leur était déjà plus possible de respirer sans effort, et leurs deux lampes brûlaient de plus en plus faiblement. Ils étaient presque résignés à cette mort lente et cruelle, lorsque les deux hommes se souvinrent que l'air de la galerie était moins rare et plus frais que celui qu'ils pouvaient avoir dans l'étroite excavation qui les avait d'abord abrités, et qu'ainsi ils pourraient peut-être prolonger leur existence en s'y retirant. Il est vrai que dans le cas où l'éboulement se fût reproduit ils y couraient un danger beaucoup plus

grand et plus inévitable que partout ailleurs; mais ce danger même leur parut
léger en comparaison de la certitude de périr faute d'air. Ils reprirent donc à la hâte
leurs vêtements, qu'ils avaient quittés pour
travailler, leurs paniers ou sacs de provisions, que, par un bonheur providentiel, ils
avaient tous avec eux, puis, sans oublier
leurs lampes et leurs burettes d'huile, ils se
dirigèrent tous ensemble vers leur dernier
lieu de refuge.

Ainsi qu'ils l'avaient espéré, ils respirè-
rent plus librement; leurs lampes donnèrent
une plus vive clarté, et tant que dura leur
triste séjour dans la mine ils ne souffrirent
pas beaucoup du manque d'air. Il devait
sans doute exister quelque ouverture se-
crète par laquelle l'air qui n'était plus respirable se renouvelait; mais ce fut en vain
qu'ils réunirent leurs efforts pour la découvrir.

Ils étaient donc abandonnés dans ce terrible et sombre lieu.

Sombre lieu, ai-je dit? Je ne sais réellement si je dois employer cette expression.
Que mes jeunes lecteurs veuillent se rappe-

ler la première strophe de l'hymne qu'ils ont
lue précédemment :

> Ta grâce, ô Jésus, illumine
> Ce lieu sombre où mon cœur languit;
> Paradis, si ta voix l'anime,
> C'est un enfer sans ton Esprit.

J'espère vous prouver jusqu'à quel point
ces paroles étaient applicables à ces pauvres
mineurs.

Leur premier soin, quand ils eurent tous
atteint la galerie, fut de chercher une place
qui, temporairement, pût leur assurer un
abri en cas de nouvel accident. A cet effet,
ils choisirent une excavation un peu exhaus-
sée au-dessus du sol, et assez élevée pour
permettre aux hommes eux-mêmes de s'y
tenir debout. Elle était peu profonde, ayant
été abandonnée avant d'avoir servi; cependant, comme elle paraissait assez sûre aux
mineurs, ils s'y abritèrent tous les cinq, en
réfléchissant à ce qu'il y aurait de mieux à
faire, après cette première mesure de sûreté.

J'ai dit que quelques-uns des mineurs de
cette houillère étaient des gens pieux. Quoi-

que sous beaucoup de rapports ils fussent
très ignorants, ces hommes connaissaient
pourtant la chose la plus importante ici-bas ;
car ils savaient quel est le chemin du salut.
Et serait-il vraiment ignorant, celui qui est
sage de la sagesse d'en haut? celui qui con-
naît les saintes Ecritures, dont il nous est
dit qu'elles seules peuvent « nous rendre
sages à salut par la foi en Jésus-Christ ? »
Chers jeunes lecteurs, réfléchissez bien à
cette déclaration, et priez pour qu'il vous
soit donné de faire de la Parole inspirée
votre étude la plus précieuse ; alors vous
posséderez « la bonne part qui ne vous sera
jamais ôtée. »

Les deux mineurs Freeman et Logan
étaient de vrais chrétiens, car ils croyaient
ce qu'enseigne la Bible ; ils aimaient le Seigneur Jésus et se confiaient en Lui de tout
leur cœur.

— Eh bien ! Jacques, que ferons-nous
maintenant ? demanda Logan après avoir
assuré, momentanément du moins, la sûreté
des trois jeunes garçons dans le fond de
l'excavation, tandis qu'eux-mêmes se tenaient
à l'entrée pour délibérer.

Freeman secoua la tête d'un air de découragement profond, regardant autour de lui sans répondre. Son cœur était trop plein : il pensait à sa femme, à ses enfants et à leur douleur.

— Jacques, il ne nous reste qu'une chose à faire, je crois, reprit son compagnon.

— Ah ! et laquelle, William ?

— Vous souvenez-vous qu'il est dit : « In- » voque-moi au jour de ta détresse ; je t'en » délivrerai et tu m'en glorifieras ? » Ne trouvez-vous pas que c'est une précieuse promesse et un puissant encouragement pour nous ?

— Vous avez raison, William, dit Freeman un peu réconforté rien qu'au souvenir de ce verset ; vous avez raison, et puisque nous avons maintenant fait tout ce qui dépendait de nous pour nous sauver, — et certes, ce n'est pas grand'chose, — c'est à Dieu qu'il faut nous adresser désormais.

— Oui, reprit Logan, car nous sommes sûrs d'une chose : c'est que Dieu *peut* nous délivrer, s'il le juge convenable ; et s'il lui plaît de nous rappeler à lui en nous laissant périr ici, eh bien, vous savez, Jacques, ajouta-t-il d'un air plus pensif et solennel, qu'on

est aussi près du ciel et de la gloire au fond
d'une mine de charbon que partout ailleurs.

Jacques ne l'ignorait pas, et les deux pieux
compagnons d'infortune se pressèrent les
mains dans une touchante étreinte de frater-
nité chrétienne. Après un court silence, l'un
des deux reprit la parole.

— Ecoutez, enfants, dit-il en s'adressant
à Pierre et à Joseph, et toi aussi, pauvre
cher petit, que je ne voudrais à aucun prix
savoir enfermé avec nous, il est inutile de
vous cacher que nous sommes dans une situation terrible, presque désespérée. Il est bon
qu'aucun de nous ne l'ignore afin de se tenir
prêt à tout événement. Il nous est maintenant impossible de faire grand'chose, soit de
nos mains, soit de nos têtes, pour améliorer
notre position ; mais nous pouvons être certains que s'il est possible de faire quelque
chose pour nous sauver, on le fera. Ainsi ne
laissons abattre ni nos forces, ni notre courage, et pour en être rendus capables, il nous
faut mettre notre confiance en Dieu plus qu'en
aucun secours humain, car il est tout-puissant. A genoux donc et prions ! C'est la première et la principale chose qui nous reste à

faire ; Dieu qui entendit Jonas dans le ventre de la baleine, au sein de la mer, peut nous entendre aussi du fond de cette houillère. Prions-le donc tous.

Ils s'agenouillèrent. Le pauvre petit Robert étouffait ses sanglots ainsi que Pierre et Joseph ; mais les quelques paroles d'encouragement qu'ils venaient d'entendre les avaient fortifiés et ils retinrent leurs larmes pendant que, l'un après l'autre, ces deux fervents chrétiens demandèrent, avec foi et humilité, que Dieu voulût bien les délivrer de la mort et des dangers de toutes sortes dont ils étaient menacés ; et que, soit que leur Père céleste permît qu'ils fussent sauvés ou qu'il en eût décidé autrement, ils fussent prêts à répondre à l'appel suprême, et surtout préservés de la ruine éternelle. Ils prièrent aussi pour leurs pauvres familles, éprouvées à leur sujet par une si douloureuse affliction, suppliant Dieu de les consoler et de permettre que, s'ils ne devaient plus se revoir sur la terre, il leur fût accordé, par les mérites et l'intercession de leur bien-aimé Sauveur, de se retrouver dans le ciel. Ils prièrent encore pour tous les autres mineurs qui pouvaient se trouver comme eux bloqués dans quelque autre partie de la mine et, en terminant, ils demandèrent à Dieu de fortifier leurs propres cœurs contre la tentation et le murmure, de leur accorder son divin secours pour supporter sans plainte cette rude épreuve, et pour avoir un esprit de patience et de soumission, quelque souffrance que l'avenir leur réservât, quelque douleur qu'ils eussent encore à endurer avant le moment de la délivrance.

Il y eut un silence solennel quand ces hommes eurent ainsi prié, et, avant même qu'ils fussent relevés de leur attitude suppliante, ils sentirent que la dernière partie de leur prière était déjà exaucée ; car leurs esprits se calmèrent beaucoup et ils se sentirent fortifiés. Il n'y eut pas jusqu'au petit Robert dont les cris ne furent apaisés ; quant à Pierre Morrisson, il était si persuadé que le secours arriverait à temps, qu'en songeant à sa mère et à sa chère petite sœur, il put se faire mille idées charmantes de la joie qu'elles éprouveraient à le revoir sain et sauf.

Les deux ouvriers étaient plus sobres dans

leurs espérances. Ils savaient mieux que les jeunes gens quelle pouvait être la gravité de l'accident et, par suite, le terme possible de leur emprisonnement. Ils savaient à quels dangers il fallait s'exposer pour essayer de les sauver, et combien il était à redouter que l'éboulement ne se renouvelât ou que la voûte de leur dernière retraite ne vînt à s'écrouler sur eux.

Mais, en dehors de tous ces dangers, l'air ne pouvait-il pas à chaque instant leur manquer? Et, plus que tout cela, n'avaient-ils pas à redouter la famine? car si leur emprisonnement devait se continuer plusieurs jours, que feraient-ils, eux qui n'avaient de nourriture que pour un seul repas?

Aussi, frappés par toutes ces considérations, Freeman et Logan étaient devenus profondément sérieux et pensifs, bien qu'ils ne cessassent pas de mettre leur confiance en l'Eternel.

Trois ou quatre heures s'étaient écoulées depuis l'accident, et il était grand temps d'aviser à quelque nouveau moyen de prolonger leur existence, car ils se sentaient défaillir. Ce fut une heureuse circonstance qu'ils eussent tous, jusqu'au petit Robert, conservé avec eux leurs sacs de provisions. Ils s'assirent donc pour manger; mais, sur l'avis de Freeman, ils convinrent de manger aussi peu que possible.

— Il faut que chacun de nous s'arrange pour faire durer ses provisions trois jours pour le moins, ajouta-t-il.

— Trois jours! Resterons-nous ici pendant trois jours encore? demanda Joseph Saville consterné.

Le fait est que le pauvre garçon, ayant partagé le ferme espoir d'une prompte délivrance qui soutenait Pierre, ne s'attendait point à l'idée d'un emprisonnement de trois jours au moins. Quoi d'étonnant d'ailleurs qu'il fût abattu par ce triste pressentiment?

— Si Dieu le veut, nous pouvons être sauvés dans quelques heures, reprit Freeman; mais c'est peu probable, et il faut nous préparer au pire, afin de ne pas être pris au dépourvu. Toujours est-il qu'il faut que nos provisions durent trois jours, quelque chétives qu'elles soient.

— Nous ferions mieux, je crois, de tout

mettre en commun et de partager ensuite également à chaque repas, ajouta Logan.

C'était là une excellente proposition qui fut approuvée et dont l'exécution n'occupa que peu d'instants ; mais elle était pour le moins aussi généreuse et désintéressée qu'excellente ; car le sac de Logan était de beaucoup le plus lourd et le mieux garni.

— Je crois que nous ferons bien de commencer à économiser, reprit Freeman ; quant à moi, j'ai eu un bon déjeuner ce matin avant de descendre, et je crains, mon petit homme, que tu n'en puisses pas dire autant, ajouta-t-il en caressant avec bonté la tête du petit Robert.

— Moi aussi j'ai eu un bon déjeuner, dit Pierre ; je peux bien me passer de manger maintenant. Donnez ma part à Robert.

Le pauvre petit, cependant, n'avait pas bien faim. Alarmé de nouveau à la perspective d'un si long emprisonnement, il refusa toute nourriture ; heureusement qu'à force de sangloter il finit par s'endormir, ce qui fut un grand soulagement pour tous. Un des hommes l'enveloppa chaudement dans sa

blouse de flanelle et le coucha avec précaution sur le sol.

Leur repas fut vite terminé ; il avait été
arrosé de quelques gouttes de bière, un des
hommes en ayant trouvé une bouteille dans
son panier.

Mais, après le repas, une nouvelle et grave
question se présenta à eux : il leur serait à
la rigueur possible de faire durer la nourriture trois jours ; mais, hélas ! pendant ce
temps, que boiraient-ils ? La bouteille était
déjà vide, et ils sentaient qu'ils souffriraient
plus encore de la soif que de la faim.

Heureusement que leurs inquiétudes à ce
sujet ne durèrent pas longtemps ; car Robert
n'était point encore éveillé qu'ils entendirent
tout près d'eux un léger clapotement qui fut
fort bien accueilli, car c'était le bruit de l'eau
qui tombait de la voûte le long des parois de
la galerie. Vous pouvez imaginer combien
les pauvres mineurs se sentirent reconnaissants de ce secours imprévu, et vous ne se-
rez pas étonnés qu'il leur rappelât cette promesse divine : « Quand le pauvre et le
» nécessiteux chercheront de l'eau et qu'il n'y
» en aura pas... et que leur langue se dessé-

» chera de soif, moi, l'Eternel, je les enten-
» drai, moi, le Dieu d'Israël, je ne les oublie-
» rai pas. »

— Ne dirait-on pas que cette eau nous a
été envoyée afin de nous rappeler que Dieu
ne nous oublie pas? remarqua Logan ; et cette
pensée leur fut une source d'encouragement
et de douce consolation.

Puis ils se consultèrent de nouveau sur ce
qu'ils avaient à faire. Il n'était pas raisonna-
ble d'espérer qu'avec leurs seules forces, ré-
duites encore par les privations, ils pussent
sans secours se frayer un passage à travers
l'éboulement. Mais leur devoir était de ne rien
négliger pour leur propre salut, et ils se mirent courageusement à l'œuvre, prenant toute
sorte de précautions pour déblayer le terrain
et ne point ébranler de trop grandes masses
qui pourraient les écraser sous leur poids.
Mais, hélas! ils comprirent bientôt combien
de tels efforts seraient inutiles, et ils se laissaient aller aux plus tristes pressentiments,
quand ils entendirent un bruit indistinct qui
fit pourtant battre leurs cœurs. C'était le bruit
bien lointain, bien faible, mais pourtant bien
réel, d'instruments de fer frappant à coups

redoublés sur le rocher. Ils en comprirent
aisément la signification, car chaque coup
semblait vouloir dire : « Vous n'êtes point
» oubliés; de puissants efforts sont tentés
» pour votre délivrance. »

C'est alors qu'il vint à l'esprit d'un des mineurs de frapper de toute sa force contre la
paroi de la galerie avec son pic, et nous
avons vu comment ce signal avait été compris
et interprété.

Pendant le reste de la journée, ils se tin-
rent tous fort tranquilles. Ils s'occupèrent
principalement à écouter le bruit lointain des
travaux entrepris pour venir à leur secours,
et à supputer en combien d'heures environ
cette tâche pourrait être effectuée. Comme
pour cette occupation, pleine d'anxiété et d'espérance, ils n'avaient pas besoin de lumières,
ils éteignirent une des lampes.

Les heures de cette longue journée s'écoulèrent bien lentement, si lentement, que
Freeman, le seul qui portât une montre, à
force de la consulter, s'imagina qu'elle était
dérangée et qu'elle ne marquait plus les heures; il ne put se convaincre du contraire
qu'après l'avoir souvent portée à son oreille

et avoir entendu son tic tac monotone et régulier. Mais, bien que très long, le temps ne se passa pas tristement. Ils avaient la certitude que le secours approchait, et que, de toute manière, ils n'étaient point oubliés par leurs camarades ; et tous, jusqu'au petit Robert, sentirent renaître l'espoir en leur cœur. Puis, de temps à autre, les deux chrétiens s'entretenaient de la Providence qui s'étend à tous ; de la bonté de Dieu qui n'abandonne aucune de ses créatures, quelque infime qu'elle soit ; et ils le faisaient avec une confiance telle, que non seulement ils s'encourageaient eux-mêmes, mais qu'ils soutenaient et fortifiaient leurs jeunes compagnons.

A la fin, la montre de Jacques Freeman indiqua que la nuit était venue ; et, après s'être recommandés à leur Père céleste par une prière solennelle, et s'être partagé une petite partie de leurs provisions, ils s'enveloppèrent de leur mieux dans leur blouse, s'allongèrent sur le terrain inégal et humide de l'excavation et s'endormirent.

CHAPITRE VI.

Mercredi, jeudi, vendredi.

Je crois, et ce n'est pas sans raison, que les pauvres prisonniers dormirent encore plus tranquillement que la plupart des habitants du village.

Les hommes qui avaient tant travaillé ce jour-là pour venir à leur secours ne pouvaient guère espérer le sommeil, alors que l'image désolée de leurs malheureux camarades, ensevelis vivants dans les profondeurs de la mine, se présentait sans cesse à leur esprit. Bien qu'ils eussent apporté d'encourageantes nouvelles aux parents éprouvés, ils ne pouvaient se défendre du cruel et triste pressentiment que le secours arriverait peut-être trop tard.

Quant aux cinq familles ainsi plongées dans la désolation, comment auraient-elles pu chercher ou trouver dans le repos l'oubli de ceux qu'elles aimaient tant? Les femmes et les enfants de Freeman et de Logan, les parents de Joseph Saville et du petit Lester, et la mère déjà si éprouvée du jeune Morrisson, tous étaient trop affligés et trop anxieux pour pouvoir trouver le sommeil.

Mais si dans le village peu de paupières se fermèrent, en revanche bien des cœurs s'élevèrent à Dieu par la prière. Parmi les hommes qui avaient passé la journée occupés des travaux de la mine, il en était qui, ainsi que Freeman et Logan, savaient qu'il est bon de se retirer près de Dieu; et ceux-là, au lieu de rentrer immédiatement chez eux, se rendirent auprès des affligés, exhortant, consolant et consacrant heure après heure à de ferventes supplications en faveur de leurs infortunés camarades.

Ainsi s'écoula cette nuit dans le village.

Cependant, au fond de la mine, d'autres hommes dévoués et courageux travaillaient sans relâche, s'efforçant d'ouvrir un chemin parmi ces décombres, et d'avancer ainsi

l'œuvre de délivrance qui leur était confiée.
Quand le jour revint, ces travailleurs furent
remplacés par ceux qui avaient passé la nuit
sur terre.

Durant toute cette journée et les deux suivantes, sans pour cela s'arrêter la nuit, ils se
relevèrent les uns les autres dans ce long
et pénible travail, dont chaque heure voyait
grandir les difficultés. Le rocher au travers
duquel il fallait se frayer un passage semblait
devenir de plus en plus dur ; souvent
les outils se brisaient et il fallait attendre
pour les remplacer ; d'autres fois le passage
ouvert au prix de tant d'efforts, de tant de
peine, se refermait tout à coup sous une
nouvelle chute de décombres. Puis encore
l'eau qui filtrait de toutes parts dans cette
étroite galerie augmentait soudain à tel point
qu'on craignait d'être obligé d'abandonner
complètement l'ouvrage, et qu'en tout cas
les mineurs devaient attendre jusqu'à ce
qu'elle fût pompée, perdant ainsi un temps
précieux.

En vérité, il m'est impossible de vous
énumérer toutes les difficultés contre lesquelles ces braves gens eurent à lutter en

travaillant à la délivrance de leurs compagnons ; mais laissez-moi vous faire remarquer de nouveau quelle abnégation il y avait chez ces hommes qui exposaient ainsi leur vie dans l'espoir de sauver celle de leur prochain ; car, outre les dangers dont nous vous avons déjà parlé, il y en avait un plus constant, plus irrémédiable que tous les autres : la possibilité d'une nouvelle catastrophe, qui eût entraîné la perte de plus de cinquante de ces hommes dévoués.

Parmi ces travailleurs se trouvait le père du petit Robert.

Oh ! qui dira l'angoisse de son âme durant les longues heures et les cruelles incertitudes de son incessant travail ! Il ne voulut quitter la mine ni jour ni nuit. A peine s'interrompait-il parfois, quand la force lui manquait. Ce fut en vain qu'on voulut le décider à prendre quelque repos ; quand la fatigue trahissait sa volonté, s'il consentait un instant à goûter quelque nourriture, il était bien vite de retour à son poste, redoublant d'ardeur pour réparer ce qu'il appelait le temps perdu.

— Mais vous vous tuerez, si vous continuez à travailler ainsi, lui disait un de ses camarades, durant le premier et le second jour qui suivit l'accident. Quittez la mine et allez vous reposer, mon pauvre ami ; fiez-vous à nous pour avancer l'ouvrage le plus possible pendant votre absence.

— Non, non, Tom, répondit-il d'une voix étouffée ; vous n'avez pas un fils enfermé derrière ces murs de granit et qui s'y meurt peut-être ! mais moi, j'y ai le mien, et, s'il plaît à Dieu, je n'interromprai pas mes efforts pour le sauver. J'ai promis à sa mère que nous ressortirions de la mine tous les deux ensemble, et cela sera... si Dieu le veut, ajouta-t-il en essuyant une grosse larme qui coulait le long de sa joue hâlée et en recommençant à frapper de toutes ses forces contre la terrible barrière qui le séparait de son enfant bien-aimé.

Il n'y avait qu'une chose qui ramenât l'espoir dans ce pauvre cœur paternel et une vigueur nouvelle dans ce bras fatigué : c'était le bruit *cinq fois répété* du fer contre le rocher, bruit que l'on entendait de temps à autre, chaque jour, et qui apportait au malheureux père et à ses compagnons la certi-

tude que le petit Robert et les autres infortunés qui étaient avec lui vivaient encore.

Et maintenant, revenons un instant aux
pauvres prisonniers.

— Pierre, pensez-vous que nous sortions
jamais d'ici? demandait Joseph d'une voix
faible et découragée, tandis que lui et ses
deux jeunes compagnons étaient assis au fond
de leur lieu de refuge seuls, parce que les
mineurs exploraient de nouveau les passages
et les galeries environnantes dans le vain
espoir d'y découvrir enfin quelque issue.
C'était vingt-quatre heures environ après
leur emprisonnement; les enfants étaient dans
l'obscurité, car les pauvres mineurs ne pouvaient plus se permettre le luxe de brûler
deux lampes à la fois.

— Je n'en sais vraiment rien, Joseph, reprit Pierre du même ton morne et accablé;
je ne sais qu'espérer.

— Oh! Pierre, je voudrais bien...

Joseph s'arrêta en hésitant.

— Que voudriez-vous donc? lui dit son
camarade.

— Je voudrais n'être pas allé où j'ai été dimanche, reprit-il avec effort.

— Je le voudrais aussi pour vous, mon pauvre Joseph !

— C'est si affreux d'être enfermé ici, sans savoir si nous en sortirons jamais ! ajouta Joseph en frémissant.

— Oh ! mais j'espère que nous en sortirons. Vous savez bien, Joseph, qu'on travaille là-bas pour nous en faire sortir.

— Ah ! c'est qu'avant qu'ils nous atteignent nous pouvons être tous morts, ou bien un autre éboulement peut survenir.

« C'est vrai, cela ! » pensa Pierre avec désespoir, en songeant à sa mère et à sa petite sœur Marie. Cependant, faisant un effort sur lui-même, il répondit avec assez de calme :

— Joseph, il faut faire ce que Freeman et Logan nous ont dit : il faut ne pas nous décourager et nous désoler, et il nous faut ensuite penser à de bonnes choses.

— Je ne connais pas de bonnes choses, moi ! murmura Joseph avec humeur.

— Comment ! Mais vous en savez sûrement quelques-unes.

— Non, je n'en sais pas, répéta Joseph.

— Quoi ! pas même l'histoire du Seigneur Jésus ? Oh ! pourtant, Joseph, vous avez lu l'Evangile ; vous savez comment le Fils de Dieu est venu dans le monde pour sauver les pécheurs, n'est-ce pas ? Vous savez qu'il fut crucifié, mourut et fut enseveli, puis qu'il ressuscita et monta au ciel. Oh ! vous savez certainement tout cela.

— Eh bien, après ? reprit Joseph que les émotions de la veille et les craintes du lendemain avaient complètement abattu.

— Eh bien ! tout cela sont de bonnes choses, reprit Pierre, qui se rassérénait visiblement à mesure qu'il parlait. Vous savez ce que dit la Bible, n'est-ce pas, Joseph ?

Celui-ci ne répondit pas, de sorte qu'ils gardèrent tous deux le silence pendant un moment ; puis Joseph reprit :

— Oh ! Pierre, parlez-moi donc ! C'est si affreux, d'être dans les ténèbres !

Certes, Pierre le trouvait affreux, lui aussi ; non pas qu'il ne fût, comme les autres, habitué à l'éternelle obscurité de ces profon-

deurs souterraines; mais il y a une grande
différence entre le travail accompli dans
l'obscurité, quand on sait qu'il y a une issue
toujours libre vers le grand air et la lumière,
ou l'immobilité, dans l'obscurité complète, de
ce qu'on pourrait appeler un tombeau. Aussi
ne demandait-il pas mieux, le pauvre enfant,
que de lutter contre le silence, si effrayant
dans ces épaisses ténèbres; mais il ne savait
que dire; car, bien qu'il y eût une infinité de
choses auxquelles il se plaisait à penser, il
craignait qu'elles n'intéressassent pas son
compagnon, ou même qu'elles ne lui déplus-
sent. Il répondit simplement :

— Mais pourquoi ne parlez-vous pas vous-
même, Joseph, vous qui êtes l'aîné? Dites-
moi où vous êtes allé dimanche et ce qui
vous le fait regretter?

Joseph répondit d'abord que cela importait
peu et que, quant à lui, il préférait ne pas
le dire; mais il s'y décida pourtant tout à
coup. Il avait été se promener à la campagne
avec des camarades qui l'avaient mené voir
un grand combat de chiens, et puis l'avaient
conduit dans un cabaret d'où il n'était sorti
que fort tard pour revenir chez lui.

— Ah! Joseph! je voudrais que vous fussiez venu avec maman, Marie et moi, reprit Pierre : vous auriez entendu un si beau sermon !

— Je ne sais pas si je l'aurais entendu ; très probablement je me serais endormi et n'aurais rien écouté. Mais sur quoi était-il, ce sermon ?

— Sur le devoir d'être prêt à comparaître devant Dieu. Le ministre a parlé des dangers que courent tous ceux qui travaillent dans les mines ; je ne crois vraiment pas que vous vous fussiez endormi pendant qu'il en parlait. Et ensuite il a dit que mourir était aller à la rencontre de Dieu, qu'après la mort venait le jugement, et que c'était alors qu'on comparaissait devant Dieu. Et puis... et puis... oh!... mais je ne peux pas me souvenir de tout, maintenant... Quand je pense, Joseph, que si nous ne sortons jamais d'ici, il nous faudra y mourir et puis aller à la rencontre de Dieu vous et moi, ainsi que le petit Robert... Oh! que je voudrais être prêt, et je ne le suis pas, mon Dieu !

Ici le pauvre enfant fondit en larmes ; mais il ne fut pas le seul à se désoler : le petit trap-

peur, qui avait écouté tout ce que disaient
les aînés, et qui, durant tout le temps de leur
emprisonnement, avait été tranquille et même
fort pensif, se prit lui aussi à pleurer avec
véhémence, et ils eurent beaucoup de peine
à le consoler.

Ceci changea le cours de la conversation;
et, bientôt après, les ouvriers reparurent
avec la lampe; ils étaient brisés de fatigue et
complètement découragés par leurs recher-
ches infructueuses.

— Il nous faut mettre toute notre confiance en Dieu, et le prier d'avoir pitié de
nous, dit Freeman; mais il nous faut aussi
faire notre possible pour soutenir notre existence; il en est temps, car nous n'avons encore rien pris aujourd'hui.

Ce fut un véritable effort pour tous de ne
pas manger comme ils en auraient eu besoin.
Et pourtant ils se retinrent, car ils savaient
combien il était urgent que leurs provisions
durassent le temps fixé; aussi mirent-ils soigneusement de côté le peu qui leur restait,
décidant qu'ils ne feraient plus qu'un repas
toutes les douze heures.

Heureusement l'eau ne leur manqua pas

et ce fut un immense bienfait. Le sol de la galerie en était alors tout couvert; ils ne pouvaient faire un pas hors du lieu où ils s'étaient réfugiés sans avoir de l'eau presque jusqu'à la cheville; cependant elle ne s'éleva jamais à la hauteur de l'excavation qui leur servait d'asile; de sorte que, tout en conservant cet endroit sec, ils avaient la possibilité d'étancher leur soif, soulagement dont ils étaient très reconnaissants; car ils n'ignoraient pas combien le manque d'eau eût ajouté à leurs souffrances.

Leur maigre repas terminé, les pieux mineurs employèrent encore quelque temps à la méditation et à la prière; leur esprit fut tellement soulagé par ce saint et doux exercice, qu'ils crurent pouvoir chanter aussi bien que prier.

— Voyons, Pierre, dit Logan, vous qui avez appris tant d'hymnes à l'école du dimanche, vous devez en savoir une quantité; trouvez-nous-en donc une que nous puissions chanter ensemble.

En effet, Pierre savait plusieurs cantiques, et, après un moment d'hésitation, il en choisit un dont les versets suivants, que nous

empruntons au psaume XXXIV, semblent être
la meilleure traduction :

> Oui, je bénirai Dieu tout le temps de ma vie;
>   Les justes l'entendront;
> Des glorieux transports de mon âme ravie,
>   Ils se réjouiront.

— C'est précisément ce qu'il nous faut,
Pierre, dit Logan après que l'enfant, d'une
voix tremblante d'émotion, eut répété la
première strophe. Le roi David disait : « Je
» bénirai l'Eternel en tout temps; sa louange
» sera continuellement dans ma bouche. »
Et, quoiqu'il n'ait jamais été enseveli dans
une mine, comme nous le sommes, cela
n'empêche certes pas qu'il n'ait couru de
très grands dangers; et pourtant il disait encore : « Je bénirai l'Eternel en tout temps. »
Oui, Pierre, c'est un bon cantique. Que
vient-il après?

Avec un peu plus de fermeté, Pierre reprit :

> Chrétiens, magnifions et louons tous ensemble
>   Le beau nom du Sauveur!
> Ses élus, à leurs cris, sous son aile il rassemble,
>   Et chasse leur frayeur.

L'ange de l'Eternel se campe avec puissance
    Autour de ses enfants;
Il les garde et soutient; il est leur délivrance
    Dans leurs dangers pressants.

Venez et savourez, sous son paisible empire,
    Sa fidèle bonté.
Oh! que l'homme est heureux, qui vers Dieu se retire
    En sa calamité!

Quand l'enfant du Seigneur à son Père s'adresse,
    Il l'exauce à l'instant,
Et, par un prompt secours, fait cesser la tristesse
    De ce cœur repentant.

Craignez-le, vous, ses saints! Qu'en lui soit votre attente,
    Et tout vous sourira.
Les lions auront faim; mais votre âme contente
    De tout bien jouira.

Cela vous aurait réjoui, chers jeunes amis, vous qui jusqu'à présent vous êtes intéressés à ces pauvres mineurs, d'entendre ce chant de louange retentir sous la sombre voûte de la mine. Et bien que ce cantique ne dût atteindre ici-bas aucune autre oreille que celles de ceux qui le chantaient, cependant Dieu l'entendit de sa sainte demeure, et ce chant harmonieux et profondément senti lui fut agréable.

L'esprit des mineurs fut tellement rafraîchi par ce cantique, qui leur rappelait la bonté de Dieu et les soins vigilants de sa providence, que, durant cette longue journée, toutes les fois qu'ils commençaient à se sentir abattus, ou que le temps leur pesait trop, ils demandaient à Pierre de leur indiquer une autre hymne.

Mais, direz-vous, puisqu'ils avaient leurs outils, pourquoi ne s'en servaient-ils pas pour tenter de se frayer un passage hors de cet affreux tombeau? Ah! soyez sûrs qu'ils n'eussent pas manqué de répéter les efforts de la veille, s'ils n'avaient été convaincus qu'ils étaient plus dangereux qu'utiles. Non, le secours ne pouvait venir que du dehors. Tout ce qu'ils pouvaient faire, eux dans leur impuissance, c'était d'implorer Dieu pour qu'il accordât le succès aux travaux de leurs camarades, et qu'il veillât sur toutes ces vies qui étaient ainsi compromises.

Cependant ils n'oubliaient pas de frapper contre la paroi de leur prison, afin d'avertir de temps en temps leurs libérateurs (ou du moins ceux qu'ils espéraient pouvoir bientôt nommer ainsi) qu'ils étaient encore en vie et comprenaient leurs efforts.

CHAPITRE VII.

Jeudi et vendredi.

(Suite.)

Je passerai sans m'y arrêter d'une façon
particulière sur les événements de chacun
des deux jours qui suivirent; cependant je
ne dois pas omettre de mentionner ici combien, depuis que les nouvelles de la catastrophe s'étaient répandues, il était arrivé
d'étrangers au village et à la mine elle-même.
Les uns étaient poussés bien certainement par
un simple motif de curiosité; mais beaucoup
d'autres étaient mus par les sentiments les
plus élevés : par la sympathie et le désir
d'offrir leur aide en cas de besoin.

C'est ainsi que des personnes riches pro-

mettaient aux mineurs de bonnes récompen-
ses, dans le but d'exciter leur courage et de
l'entretenir même en présence des plus dangereux travaux. Il y avait aussi beaucoup de
docteurs et de chirurgiens distingués, qui
abandonnèrent tout pour venir offrir leur généreuse assistance, soit pour les blessés, si
quelques ouvriers étaient victimes de leur
dévouement, soit pour les prisonniers eux-
mêmes, si l'on parvenait à les sauver.

Il y eut également un grand nombre de mineurs qui, n'ayant ni argent ni science médi-
cale, vinrent offrir le concours de leurs bras ;
car ces hommes vaillants et pleins de com-
passion brûlaient du désir de venir en aide
aux malheureux ensevelis vivants. Ils prirent donc la place des ouvriers à mesure que
la fatigue forçait ceux-ci à interrompre leurs
efforts. Et certes, si tous ceux qui accou-
rurent au premier bruit du sinistre avaient
pu travailler à la fois, l'œuvre de délivrance
eût été rapidement accomplie. Mais, dans
l'étroite galerie à laquelle on travaillait, il
n'y avait qu'un petit nombre d'hommes qui
pussent agir de concert ; et le meilleur moyen
d'arriver à un prompt résultat était de se

relever avant que la fatigue eût paralysé les
forces des mineurs en activité, afin de pouvoir continuer ainsi jour et nuit sans épuiser
personne.

L'ouverture du puits et l'entrée de la mine
dans le souterrain présentaient une scène très
animée. La machine était toujours en mouvement pour monter ou pour descendre des
travailleurs ; et tout autour de l'orifice se
pressaient des foules avides d'apprendre les
moindres nouvelles, demandant si les travaux
étaient avancés, et combien d'heures parais-
saient encore nécessaires pour les achever ;
si l'on conservait l'espoir d'arriver à temps,
et surtout si les pauvres prisonniers continuaient à donner signe de vie.

Et pendant que ceci se passait près
du puits, il y avait de bons et fidèles
chrétiens qui s'efforçaient d'encourager les
familles désolées, les exhortant à mettre tout
leur espoir en Dieu, à regarder à lui pour
obtenir du secours et pour recevoir des
consolations bien plus efficaces que les
leurs.

Plusieurs fois le jour, et même la nuit,
des prières publiques furent offertes en fa-

veur des infortunés mineurs et de leurs familles. Les fidèles de ces petites assemblées,
pleins de confiance en la bonté de leur Père
céleste, lui demandaient instamment de pré-
server de la mort ces cinq malheureuses victimes, et de les rendre bientôt à ceux qui
les pleuraient si amèrement. Mais, outre ces
prières publiques, qui dira le nombre des
prières secrètes que des cœurs sympathiques
faisaient monter jusqu'au trône des miséricordes pour obtenir cette délivrance tant
désirée?

Et maintenant redescendons dans les ténèbres de la houillère, auprès de Pierre
Morrisson et de ses compagnons jeunes et
vieux.

Le jeudi, ils furent tous bien faibles et
bien languissants; il y avait plus de quarante
huit heures qu'ils étaient renfermés, et le
peu de nourriture qu'ils avaient prise était
tout à fait insuffisante pour soutenir leurs
forces déjà ébranlées par l'émotion, la fatigue et le peu d'air respirable. Hélas! sans
vouloir en convenir, ils commençaient à ressentir les angoisses de la faim d'une manière
bien douloureuse, et ils regardaient avec

terreur le peu de provisions qui leur restait, et que chacun ménageait avec soin, tout en le convoitant ardemment.

Pauvres gens! aucun d'eux, malgré sa souffrance, n'osait laisser voir son appétit devenu presque féroce; car, bien qu'ils entendissent toujours le bruit des outils, ce son précurseur de la délivrance semblait rester toujours aussi lointain, aussi indistinct que la première fois. Ils commençaient donc à redouter sérieusement que bien des jours ne s'écoulassent encore avant l'ouverture de leur prison, et que d'ici là les angoisses de la faim, combinées avec tant d'autres souffrances, ne rendissent inutiles tous les travaux entrepris pour les délivrer.

Vous supposez peut-être qu'avec ces sombres pensées ils étaient tous éperdus de crainte et de douleur; mais je puis vous affirmer que ce n'était point le cas. Les deux pieux mineurs s'encourageaient mutuellement à la confiance, à peu près dans les mêmes termes que le Psalmiste, quand il disait : « Mon âme, pourquoi t'abats-tu et » pourquoi frémis-tu en moi? Attends-toi à » Dieu, car je le célébrerai encore; il est la

» délivrance à laquelle je regarde; il est mon
» Dieu » (Ps. XLII, 12).

Mais soyez sûrs, chers lecteurs, que s'ils
s'encourageaient ainsi l'un l'autre, s'ils se
soutenaient mutuellement dans les défaillan-
ces inévitables, les moments de lutte et
d'abattement, ils n'oubliaient pas leurs jeunes compagnons, et faisaient tout ce qui
était en leur pouvoir non seulement pour
les encourager, mais pour s'assurer qu'ils
fussent prêts. Quelle anxiété pour leur cœur
de penser à ces enfants destinés, probablement comme eux, à une mort prochaine, et
d'ignorer si, après le moment suprême, ils se
retrouveraient tous ensemble dans la paix et
le repos du ciel! Aussi la plus grande partie
de ce jour fut-elle consacrée à des conversations sérieuses avec les jeunes gens, pour leur
rappeler ce qu'ils avaient si souvent entendu
au sujet du jugement, de l'éternité et du salut
par Jésus-Christ, seule voie par laquelle nous
puissions éviter la colère à venir.

Je ne peux pas vous répéter ici tout ce
qu'ils leur dirent; mais ils parlèrent beaucoup du « grand amour que le Père a mani-
» festé en envoyant son Fils au monde pour

» sauver les pécheurs; » ils parlèrent des
tendres compassions du Sauveur, qui, maintenant ressuscité et assis à la droite de Dieu,
dispense le pardon et la consolation au croyant
fidèle qui vient humblement les implorer au
pied de la croix. Ils parlèrent sans doute
aussi de la miséricorde avec laquelle Dieu se
laisse toucher par le repentir et la foi; ils
dirent aux enfants combien le Seigneur est
disposé à recevoir et à bénir ceux qui s'approchent de lui, « ne voulant pas la mort du
» pécheur, mais sa conversion et sa vie, »
et lui donnant pour gage d'adoption le Saint-
Esprit dont la précieuse promesse fut faite
par notre Rédempteur.

Mais, en outre, ils leur rappelèrent qu'il
faut que nos cœurs soient changés, nos esprits régénérés, nos consciences purifiées
par le pardon de nos fautes, nos sentiments
et nos désirs sanctifiés, pour qu'il nous soit
permis d'espérer que la paix du ciel devienne
notre partage. Ils leur dirent combien la repentance doit être profonde et sincère, avant
que nous soyons admis à goûter aux dou-
ceurs du pardon, et leur redirent maintes et
maintes fois que Dieu a élevé le Seigneur Jé-

sus sur la croix, comme jadis il fit élever le
serpent au désert, afin qu'il fût pour nous un
Sauveur et qu'il donnât la repentance et la
rémission des péchés à tous ceux qui croi-
raient en lui.

Puis ces chrétiens sincères et convaincus
encouragèrent leurs jeunes compagnons à
aller à Christ, leur répétant les paroles mêmes de l'Ecriture, paroles si encourageantes
pour les cœurs timides et craintifs : « Et
» c'est pour cela qu'il peut toujours sauver
» ceux qui s'approchent de Dieu par lui,
» étant toujours *vivant pour intercéder pour*
» *eux* » (Hébr., VII, 25). « Allons donc avec
» confiance au trône de grâce pour obtenir
» miséricorde et pour être secourus dans le
» temps convenable » (Hébr., IV, 16).

Ensuite, tendrement mais fidèlement, ils
avertirent leurs jeunes compagnons du danger qui les menaçait tous ; leur faisant clairement entrevoir la probabilité qu'aucun
d'eux ne sortirait vivant de l'étroite prison où
ils étaient retenus, et les suppliant de songer
que peut-être avant la fin de cette journée,
ils auraient tous à comparaître devant Dieu
et à encourir la terrible sentence du juge-

ment. Aussi les exhortaient-ils à demander à Dieu, non seulement qu'il les délivrât du danger temporel et physique, mais surtout que, prenant pitié de leurs âmes, il les préservât d'une ruine éternelle par le sang de son Fils Jésus-Christ.

Ainsi s'écoula cette journée, tantôt en conversations ou en prières, tantôt dans de vaines tentatives pour chanter une hymne, car la voix leur manquait. Le soir vint, et avec lui l'heure du maigre repas. Ils le prirent cependant sans oser empiéter sur la part du lendemain; puis, se recommandant de nouveau aux tendres compassions de leur Père céleste, ils se couchèrent et s'endormirent.

Vendredi fut un jour bien solennel pour les pauvres mineurs : leurs vivres étaient à peu près épuisés, et le bruit précurseur du secours ne semblait presque pas plus distinct. C'était une erreur pourtant, provenant, soit de ce que leur ouïe était affaiblie, soit de ce que le bruit était devenu plus sourd; mais le secours était beaucoup plus près qu'ils ne le présumaient.

Leur faiblesse avait encore augmenté depuis
la veille : le jeûne auquel ils s'étaient soumis, l'absence d'air pur, car celui qu'ils res-
piraient était déjà malsain et corrompu, tout
contribuait à accroître cette faiblesse. Le petit Robert était même si souffrant, bien qu'il
eût toujours eu la plus grosse part de nourriture et que des soins de toute espèce lui
eussent été constamment prodigués, qu'il ne
pouvait plus se tenir assis et qu'il semblait
plongé dans une sorte de délire : il parlait
sans cesse de prés verts, de fleurs charmantes
et des chauds rayons du soleil comme s'il se
fût cru dans la campagne, à la brillante et
salutaire lumière qu'aucun des prisonniers
ne pensait plus revoir.

Heureusement que les affreuses angoisses
de la faim, dont ils avaient tant souffert la
veille, leur furent épargnées. Quand les derniers morceaux de pain furent partagés entre
eux, il leur était aussi indifférent de manger
que de s'en passer.

Mais une autre tristesse, ou plutôt une autre souffrance, — car ce fut pour eux une
véritable souffrance, — leur survint dans le
courant de la journée. Depuis plus de trois

jours, leur lampe avait continué de brûler ;
ce n'était qu'une triste lumière, mais elle
était pourtant bien préférable à cette obscurité totale dans laquelle ils redoutaient tant
de se voir plongés. Vers la fin du jour, leur
lampe s'éteignit, et ce fut en vain qu'ils
cherchèrent un peu d'huile pour la rallumer :
leur provision était épuisée.

Je pourrais presque affirmer qu'ils sentirent cette nouvelle épreuve plus douloureu-
sement encore qu'ils ne sentaient à ce moment leur danger ; mais cela ne fit que mieux
diriger leurs esprits vers la patrie qu'ils espéraient retrouver au delà des sombres limi-
tes de leur prison, qui semblait devoir être
leur tombeau.

— Notre nourriture est à bout, notre lumière est à bout, nos forces sont à bout, mais
la bonté de notre Dieu n'est pas à bout ni
notre confiance en lui, remarqua Freeman.
Il a dit : « Je ne te laisserai pas, je ne t'aban-
» donnerai pas, » et vous pouvez encore le
croire, mon ami, n'est-ce pas? ajouta-t-il en
s'adressant à Logan qu'il ne pouvait plus voir.

— Oui, je le peux, reprit son camarade.
Vous savez l'hymne à ce sujet, Jacques ;

voulez-vous que nous essayions de la chanter ? C'est peut-être la dernière que nous chanterons ici-bas, et, s'il plaît à Dieu, le prochain cantique que nous entonnerons sera dans ces lieux « qui n'ont besoin ni de soleil » ni de lune pour les éclairer, car la gloire » de Dieu les éclaire et l'Agneau est leur » flambeau » (Apoc., XXI, 23).

— C'est vrai, William ; c'est doux et bien glorieux à penser. Mais de quelle hymne voulez-vous parler ?

— Ai-je parlé d'une hymne ?... Ah ! c'est vrai ! je l'avais oublié ; mais j'y suis maintenant. C'est de celle-ci :

L'âme qui désormais à son Dieu s'est donnée,
Par son divin Sauveur n'est point abandonnée ;
Et l'enfer voulut-il à Jésus la ravir,
Il est là pour défendre, il est là pour bénir.

Ils essayèrent encore de chanter cette strophe, mais leurs forces les trahirent avant même qu'ils fussent arrivés aux dernières lignes. Leurs cœurs cependant chantaient un cantique de louange et battaient avec reconnaissance rien qu'au souvenir de la fidélité et de l'amour de leur Sauveur.

— Écoutez, Pierre, mon pauvre enfant, et vous aussi, Joseph, dit Logan aux jeunes gens qu'il ne voyait plus, mais dont il entendait les soupirs étouffés ; et toi aussi, mon petit Robert, si tu peux encore me comprendre, écoute. Notre lumière éteinte doit nous rappeler que notre vie mortelle est aussi près de son terme. C'est une grâce infinie que Dieu nous a faite de nous laisser le temps de penser à l'avenir et aux choses d'en haut ; mais ce temps touche à sa fin, je le crois. Et maintenant que tout espoir humain semble nous être interdit, ne priez-vous pas pour vous-mêmes, mes enfants ? Nous avons, vous le savez, bien des fois prié pour vous et pour d'autres, depuis que nous sommes enfermés ici : mais si quelqu'un veut obtenir quelque chose de Dieu, il faut qu'il le lui demande lui-même. Il le faut. J'ignore ce qui peut s'être passé entre Dieu et vos âmes, mais je sais que si vous n'avez pas encore reçu le pardon de vos péchés et l'assurance du salut, c'est la chose qui vous est le plus nécessaire à présent. Oh ! demandez-le-lui vous-mêmes, mes amis ! Ne tardez pas plus longtemps. Voyons, faites-le maintenant.

Le pauvre petit Robert ne parut pas comprendre ce qui se disait, car il continua à délirer, parlant à demi-voix, avec une vivacité tout enfantine, des fleurs des bois et des paquerettes des prairies. Puis, tout à coup, sa voix se raffermit et il répéta deux lignes d'une hymne qu'il avait sans doute apprise à l'école du dimanche :

Ces prés fleuris et ces bois toujours verts
Sont au delà de l'onde aux flots amers.

— Pauvre cher petit! dit Freeman; bien sûr que, s'il plaît à Dieu, tu atteindras ces prés fleuris aussitôt qu'aucun de nous, puisque notre bien-aimé Sauveur a dit : « Laissez venir à moi les petits enfants et ne les en empêchez pas, car le royaume de Dieu est pour ceux qui leur ressemblent. » Mais vous, Joseph, Pierre...

Il s'arrêta; peut-être que les deux jeunes gens l'avaient compris, mais un du moins certainement. Pierre avait été très sérieux depuis le commencement de ce temps d'épreuve, et, bien qu'il ne parlât guère de ce qui se passait en lui, il était loin d'être indifférent. Lorsque plus tard il raconta ses impressions, voici ce qu'il disait :

« Je songeais continuellement à une foule de choses que j'avais apprises à l'école du dimanche, ou que ma mère m'avait enseignées ; et je me souvenais d'un grand nombre de circonstances de ma vie passée auxquelles je n'avais point fait attention auparavant. Puis une quantité de fautes que j'avais commises, non seulement en actions et en paroles, mais encore en pensée, me revinrent à la mémoire avec une force singulière et m'effrayaient beaucoup, parce que je ne voyais que trop combien je méritais la colère de Dieu. De plus, ces lignes terribles me poursuivaient sans cesse :

> Et si mon âme à jamais est perdue,
> Ta juste loi l'approuve, ô Dieu puissant !

« Auparavant, » continua Pierre, « ces lignes m'étonnaient ; car je trouvais injuste et cruel que Dieu punît sévèrement dans l'autre monde le mal accompli dans celui-ci par ses créatures faibles et déchues. Je ne comprenais pas et ne cherchais

même pas à comprendre pourquoi Dieu avait
fait de telles lois : elles me révoltaient et
voilà tout. Mais alors j'en reconnus parfaitement la justice et je vis clairement que le péché contre un Dieu juste et saint devait être
ainsi puni, ou que ce Dieu cessait d'être juste.
Toutes ces réflexions ne contribuaient qu'à
me rendre encore plus malheureux, et
j'éprouvais quelque chose qui ressemblait au
désespoir, à l'idée que je ne pouvais rien par
moi-même pour échapper au *juste* courroux
de Celui que j'avais offensé, quand, tout à
coup, je me rappelai ces paroles de David
dans un de ses psaumes : « O Eternel, si
» tu prends garde aux iniquités, Seigneur,
» qui est-ce qui subsistera? Mais le pardon
» se trouve auprès de toi afin qu'on te crai-
» gne... Attends-toi à l'Eternel, car la misé-
» ricorde est avec lui, et la rédemption se
» trouve en abondance auprès de lui, et lui-
» même rachètera son peuple de toutes ses
» iniquités » (Ps. CXXX, 3, 4, 7, 8).

« Oh! de quelle joie ces témoignages rem-
plirent mon cœur, surtout quand Freeman et
Logan, comme s'ils eussent lu ce qui se passait en moi, commencèrent à nous entretenir

6

du grand amour que Dieu nous a témoigné, en envoyant son Fils unique au monde, afin que quiconque croirait en lui ne pérît pas, mais qu'il eût la vie éternelle ! Je sentis bientôt que je pouvais m'en remettre à lui pour être sauvé, et que je pouvais m'adresser à lui dans mon cœur comme à mon Sauveur et à mon Père céleste.

» J'oubliai et la mine et le danger, et même ma chère demeure, tant je trouvais de bonheur, de paix et de joie à songer que, bien qu'il me fût impossible de rien faire pour mon salut, Jésus pouvait tout, étant toujours vivant et puissant pour sauver ceux qui s'approchent de Dieu par lui. Puis quelques strophes que j'avais sues jadis, et auxquelles je ne réfléchissais guère en les apprenant, me revinrent avec une merveilleuse douceur à la mémoire :

J'apporte au pied de ton Calvaire
Mon cœur, dans le mal endurci;
C'est près de ta croix tutélaire,
Jésus, que je cherche un abri.

Mon âme, souillée et meurtrie,
Par ta grâce, soumise enfin,
Reçoit le pardon et la vie,
Ces gages d'un bonheur sans fin!

Ah! maintenant je me couche, et, sans crainte,
Entre tes bras je m'endors, ô Sauveur!
De ton amour sentant la douce étreinte,
Et de ta paix savourant la douceur!

Tel est le récit que, bien des années après, Pierre Morrisson, devenu homme, faisait de ses impressions au moment du danger; et il ajoutait qu'il se sentait alors si résigné, qu'il ne souhaitait plus de vivre, si la volonté de Dieu était de le rappeler à lui.

Quel sujet de reconnaissance et de joie les deux mineurs eussent trouvé dans l'assurance que, même au fond de leur sombre prison, le tout-puissant Esprit de grâce travaillait à amener à Jésus un de leurs jeunes compagnons! Mais Pierre eût été bien embarrassé de savoir comment leur parler du changement qui s'opérait en lui; car il ne pouvait lui-même que s'émerveiller de l'amour de son Dieu Sauveur, et lui rendre mille actions de grâce dans le silence et la solitude de son cœur.

Ainsi s'écoula le reste de cette journée; chacun des prisonniers avait la solennelle conviction que peu d'heures suffiraient désormais pour mettre un terme à ses souffrances et à sa vie.

CHAPITRE VIII.

Samedi.

Les abords de la mine présentaient, dans la matinée du samedi, un aspect des plus animés. Avant le lever du soleil, un grand nombre de personnes étaient déjà réunies, espérant apprendre la délivrance des mineurs, ou bien en être les témoins. Les femmes de Freeman et de Logan, avec leurs enfants, ainsi que les mères des trois jeunes garçons, étaient réunies le plus près possible de l'orifice du puits, car elles avaient toutes reçu l'assurance que les ouvriers avaient presque achevé de s'ouvrir un passage à travers les décombres de l'éboulement, et qu'ainsi leurs chers absents leur seraient bientôt rendus.

Toutes ces pauvres femmes étaient d'une
pâleur mortelle, à force d'espérances déçues
et de craintes trop vraisemblablement fon-
dées. Elles formaient avec leurs enfants le
groupe le plus silencieux et le plus paisible ;
et si l'on n'eût vu leurs lèvres tremblantes
et leurs regards profonds où se lisait une si
vive anxiété, chaque fois qu'on remontait de
nouveaux travailleurs, jamais l'on n'eût soup-
çonné quel était l'intérêt, pour ainsi dire
vital, qui les retenait à cette place. Mais
quand aux anxieuses questions qu'on posait
de toutes parts aux travailleurs ceux-ci répon-
daient toujours : « *Pas encore*, » une douleur indicible se peignait sur toutes ces physionomies, et des sanglots étouffés soulevaient
toutes les poitrines.

En bas, la scène était bien différente : dans
quel profond silence et avec quelle ardeur se
continuaient les travaux de ces hommes généreux ! Hélas ! ils n'avaient pas de temps à
perdre en paroles, et quand même ils en auraient eu le temps, le cœur leur eût manqué
pour se communiquer leurs impressions. Il
est vrai qu'ils espéraient, et croyaient même
avoir presque percé la barrière qui les sépa-

rait des prisonniers ; mais qui pouvait dire qu'ils ne travaillaient pas en vain, et qu'ils ne ramèneraient pas sur terre, pour prix de tant d'efforts, des corps inanimés?

Depuis bien des heures, on n'avait plus entendu le signal; en vain avait-on prêté une oreille attentive et cherché à saisir le plus léger bruit : un silence tel que celui du tombeau avait seul répondu à l'anxieuse attente des travailleurs.

Depuis cinq jours leurs pauvres camarades étaient enfermés sans nourriture, ou tout au plus avec assez de vivres pour deux repas ; aussi chacun se disait : « Si les malheureux n'ont pas été asphyxiés, ont-ils pu résister aux tortures de la faim? »

Et n'oublions pas que, parmi ces travailleurs, se trouvait toujours Thomas Lester. Il n'écoutait aucune supplication, aucune prière, tendant à lui faire abandonner son poste. Chancelant à force de vertige et de faiblesse, à peine s'il pouvait se soutenir, à peine si son bras pouvait soulever encore l'outil désormais trop lourd pour lui; mais il n'en continuait pas moins ses impuissants efforts. Cette barrière qu'il frappait n'était-elle pas entre lui et son

fils, et n'avait-il pas à sauver son enfant?

· Tout à coup, le silence fut interrompu par un cri de joie poussé par un des ouvriers. La barrière *était* percée ; son outil, long instrument destiné à percer les rocs les plus durs, ne rencontrait plus de résistance et, quand il le dégagea, un murmure confus de voix affaiblies parvint à son oreille à travers la petite ouverture de la paroi. Alors, pendant quelques instants, le travail fut suspendu, et un échange de questions inquiètes et de réponses brèves se fit entre ceux du dehors et ceux du dedans.

.— Freeman, êtes-vous là?

— Oui, nous sommes tous ici! Logan, les trois garçons et moi.

La voix était faible et caverneuse, mais on la distingua cependant.

— Tous en vie? fut la question suivante posée par l'ouvrier d'une voix que la crainte et l'émotion rendaient haletante.

— Tous, grâce à Dieu, oui, tous en vie.

— Tous! ah! redites-le-moi! redites-le-moi! cria la voix brisée d'un homme qui avançait en chancelant. Tous! mon fils vit donc encore? dites... il vit?...

— Oui, oui ! et nous l'avons bien soigné, le pauvre enfant. Il est là, soyez tranquille.

Le père entendit ces paroles ; mais la nouvelle qu'elles contenaient lui parut trop bonne pour être vraie ; il ne put la supporter et tomba évanoui. Ce ne fut donc qu'au dernier moment que la force morale lui fit défaut, et ses compagnons émus, mais réjouis, l'emportèrent vers une autre galerie plus spacieuse et plus aérée.

Encore une question :

— Il y a quelques pieds de rocs à détacher ; pouvez-vous attendre une heure encore ?

— Dieu, qui nous a fortifiés jusqu'à présent, nous soutiendra jusqu'à la fin. Nous attendrons.

Inutile d'en dire davantage. Immédiatement le bruit des outils se fit entendre, ainsi que le roulement des brouettes qui emportaient les éclats de roche à mesure qu'on les détachait. Bruit réjouissant pour le cœur des prisonniers ! Bruit qui de proche en proche croissait toujours, jusqu'à ce qu'enfin l'ouverture fut agrandie. Mais maintenant, prenez garde, braves et généreux mineurs ! la vie de vos compagnons et la vôtre sem-

blent suspendues à un fil. Ne compromettez
pas, par une trop grande précipitation, le
succès de votre œuvre bénie. Un coup imprévu, inhabile, peut faire tomber sur vous
ces quartiers de rochers tout prêts à vous
écraser sous leur poids. Que Celui qui
tient toutes choses en ses mains puissantes
fasse prospérer jusqu'à la fin votre œuvre
de délivrance si courageusement accomplie !

Les mineurs connaissaient le danger, et des
invocations ardentes s'échappaient de bien
des cœurs, tandis que, soigneusement, obstacle après obstacle était enlevé. Le passage
fut bientôt libre ; alors parurent un à un les
pauvres prisonniers, chancelant dans cette
nouvelle galerie à peine déblayée, qui était
le fruit des incessants efforts de leurs libérateurs. Un à un ils parurent, appuyés sur
leurs compagnons qui cherchaient à soutenir
la faiblesse de ces corps épuisés ; le regard
terne et décoloré des victimes s'arrêtait sur
leurs libérateurs avec une touchante expression de gratitude et d'affection.

Pauvres gens ! dans quel état ils étaient !
il faut renoncer à le décrire. Mais si leurs-

yeux, déshabitués de la lumière, semblaient
égarés, quelle pure et sainte joie remplissait
leurs âmes, et comme sur leurs lèvres tremblantes montaient d'ardentes actions de grâces à la gloire de Celui qui les avait tirés des
entrailles de la terre, et qui les avait réjouis
de sa présence durant les jours fâcheux de
leur captivité !

Ai-je besoin de décrire la réunion de ces
pauvres gens avec ceux qui les avaient pleu-
rés comme morts et dont ils étaient tant aimés ? Je ne l'essaierai même pas ; mais je
ne veux pas oublier de vous dire que lorsque le mineur Lester reparut portant dans
ses bras son fils, le petit trappeur, qu'il
n'avait voulu confier à nulle autre étreinte,
une telle acclamation les accueillit tous deux,
que les échos les plus lointains la répétèrent
longtemps.

Ce fut alors que se manifesta un autre danger : c'est que les pauvres mineurs affamés
ne fussent tués à force de soins et de tendresse. Il fut heureux que des médecins fussent là pour régler et diriger les premiers
secours qu'on leur donna. Une nourriture
liquide et fortifiante leur fut d'abord adminis-

trée en très petite quantité, en attendant que
leurs estomacs affaiblis eussent repris leurs
fonctions et pussent supporter autre chose.

. . . .

Quelques jours se passèrent et bientôt les
occupations ordinaires avaient repris leur
cours. Les galeries effondrées étaient répa-
rées ; et tous, jusqu'aux jeunes trappeurs,
montaient et descendaient comme si rien
n'eût jamais interrompu leurs travaux. Puis,
bien peu de temps après l'accident, à peine
quelques semaines plus tard, si l'on s'en souvenait, ce n'était plus que pour en parler en
passant, comme de la chose du monde la
plus indifférente. De tels événements sont si
communs dans ces contrées, qu'aussitôt passés
ils ne causent plus aucune émotion, surtout
s'ils ne se sont pas terminés fatalement.

Mais il y eut pourtant quelques personnes
chez lesquelles les tragiques scènes que nous
venons de raconter avaient fait une vive impression et laissé des souvenirs ineffaçables.
Les deux mineurs Freeman et Logan, par
exemple, furent confirmés dans leur foi et
dans leur amour pour Dieu et pour leur Sauveur par l'expérience prolongée qu'ils avaient

faite de la miséricorde divine. Ils furent
convaincus de la puissance de la religion
pour répandre la paix, le bonheur et la joie
dans le cœur de ceux qui traversent avec foi
les plus sombres dispensations de la Providence. Ils sentirent quelle était l'efficace
de la prière dans les moments les plus terribles, les plus désespérés de la vie; tandis
que le souvenir de la paix qu'ils avaient
goûtée, même en face de la mort, les encouragea à mettre à l'avenir une confiance encore plus inébranlable en Celui qui les avait
préservés.

Dès lors, ils purent répéter avec foi et reconnaissance cette belle strophe qui devint
leur chant favori :

> L'ange de l'Eternel se campe avec puissance
>   Autour de ses enfants :
> Il les garde et soutient, il est leur délivrance
>   Dans leurs dangers pressants.

Et cet autre cantique :

> Vers toi, mon unique espérance
> Eternel, j'élève les yeux,

Vers toi qui créas les hauts cieux
Et qui règnes avec puissance.
Toujours tu fus, Seigneur,
Ma tour, ma forteresse;
A toi seul je m'adresse
Au sein de la douleur.

Jamais dans les piéges du monde,
Jamais mon pied ne glissera,
Puisque dans sa bonté profonde
Mon Dieu toujours me gardera.
Son œil vigilant
Jamais ne sommeille,
Et sans cesse il veille
Sur son faible enfant.

Mais n'as-tu pas promis à mon âme,
Jésus, de la guider au port?
Quand ta grâce, que je réclame,
Me soutient, craindrais-je la mort?
Non, rempli de foi,
Je vivrai tranquille;
Mon plus sûr asile
Est toujours en toi.

Robert Lester, le petit trappeur, se remit
bientôt de ses souffrances; mais on ne le
renvoya dans la mine que lorsqu'il fut plus
âgé; ce qui, sous beaucoup de rapports, fut
très heureux pour lui. Ainsi sa constitution
délicate se fortifia, et il eut l'avantage
d'aller à l'école et d'acquérir une instruction

dont il aurait été privé sans ce douloureux
événement.

Qu'il me soit permis de dire ici que maintenant on n'admet plus dans les mines d'enfants aussi jeunes, et que les heures de
travail des garçons plus âgés ont été considérablement diminuées.

Je consacrerai encore quelques lignes à
Joseph Saville, qui avait été si justement et
si terriblement effrayé par la perspective
d'une mort cruelle. Ce ne fut pas le moins
reconnaissant des cinq prisonniers; cette
grande alarme lui fut salutaire, car elle eut
sur lui le bon effet de le détourner de la
profanation ouverte du jour du Seigneur, et
de lui faire abandonner la compagnie vicieuse
des jeunes gens qui l'avaient précédemment
engagé dans les voies du mal. Mais ce ne fut
pas tout : des changements plus notables encore se firent remarquer dans toute sa conduite, apportant la douce assurance que son
cœur était régénéré. Alors il avoua comment
la conversation de ses pieux compagnons,
leurs fidèles exhortations, et particulièrement
leur calme sérénité à l'aspect du danger,
avaient été les moyens dont l'Esprit de grâce

s'était servi pour le déterminer à « chercher
l'Eternel pendant qu'il se trouve, à l'invoquer tandis qu'il est près, » et pour lui faire
trouver la délivrance de son âme aux pieds
du Seigneur Jésus.

Pierre Morrisson retourna encore pendant
quelque temps à ses anciens travaux ; mais
il ne resta pas mineur toute sa vie. Au bout
de très peu d'années, sa mère, sa sœur et
lui allèrent s'établir dans une autre partie du
pays, et là, dans une position différente,
mais toujours honorable, Pierre atteignit l'âge
d'homme et acquit une certaine réputation
dans la nouvelle carrière qu'il s'était choisie.
Mais le récit de sa vie n'appartient pas à cette
histoire et je n'ai plus que quelques mots à
y ajouter. Un chrétien a dit :

Quand le sombre avenir semble plein de menace,
   Il arrive souvent
Qu'il apporte, au contraire, un message de grâce,
   Si doux à ton enfant,
Qu'il ne saurait y voir, malgré les jours d'épreuve
   Passés à deux genoux,
De ta bonté, mon Dieu, qu'une plus tendre preuve
   Sans marques de courroux !

Il en fut ainsi pour Pierre Morrisson ; tellement que jusqu'à la fin de sa vie il aimait

à se rappeler ces cinq jours de captivité, de famine et d'angoisse au fond de la mine; car il reconnaissait que c'était là que Dieu s'était approché de lui pour lui révéler sa grande miséricorde en Jésus-Christ.

— Bien sûr, disait-il parfois, c'était la maison de Dieu et la porte du ciel pour mon âme, quoique je ne le susse pas alors, et que ce lieu ne me parût qu'un affreux tombeau.

SECONDE SEMAINE

CHAPITRE PREMIER.

La mine de Hartley.

Dans la première partie de ce petit volume, nous avons parlé des nombreux périls auxquels les mineurs sont constamment exposés, et nous avons fait remarquer à nos lecteurs que chacun de ces dangers est par lui-même si terrible et si destructif, qu'il peut d'un seul coup faire périr la majeure partie de la population mâle d'un village. Ces dangers, nous l'avons déjà dit, peuvent provenir soit d'un dégagement d'acide carbonique, qui suffoque et asphyxie instantanément quiconque le respire, soit du gaz hydrogène, qui est éminemment inflammable, soit de l'irruption d'une source dans les galeries, soit encore de la chute ou éboulement de quelque portion de la voûte.

Nous avons aussi fait mention, en passant, des accidents qui pourraient résulter de quelque rupture, ou de quelque arrêt dans la machine qui sert à monter et à descendre les mineurs.

Enfin, nous avons constaté avec une joie véritable combien de tels accidents étaient moins fréquents maintenant que jadis dans les houillères, grâce à tous les moyens préventifs qui ont été employés pour diminuer les dangers auxquels les mineurs sont exposés.

Quelques mois s'étaient à peine écoulés depuis que le récit qu'on vient de lire était écrit, et il n'était pas encore imprimé, lorsque l'auteur se vit appelé à y ajouter une seconde partie, destinée à retracer les détails d'un accident plus terrible encore que celui qu'il avait d'abord esquissé, et qui provenait d'une cause d'où le danger est le moins généralement à redouter.

Le jeudi 16 janvier 1862, toute la popula-

tion d'un village du Northumberland dépen-
dant d'une houillère fut alarmée par la nouvelle d'une catastrophe qui venait d'arriver
à la mine, vers dix heures du matin, heure
à laquelle presque tous les hommes et les jeunes gens qui y étaient employés s'y trouvaient encore réunis.

Hélas! les mauvaises nouvelles se ré-
pandent vite; et vous pouvez imaginer que
celles de l'accident de Hartley étaient de
nature à produire la plus vive sensation.
Aussi, de demeure en demeure, ces nouvelles
firent rapidement le tour du village, apportant avec elles la consternation et l'effroi;
de sorte que bien peu de temps s'était écoulé
avant qu'amassés en foule, tous les habitants
se pressassent aux environs de la mine, demandant à grands cris qu'on leur fît connaître la vérité relativement aux détails du sinistre.

Le triste récit ne fut pas long!

Tout à coup, l'énorme balancier qui faisait mouvoir les pompes s'était brisé par le
milieu, et la partie suspendue au-dessus de
l'orifice du puits s'y était précipitée avec un
bruit épouvantable, détruisant tout ce qu'elle

rencontrait et entraînant la cloison qui par-
tageait le puits; en sorte que toute communication avec la mine était momentanément
interrompue, et que tous ceux qui s'y trouvaient étaient ensevelis vivants; les calculs
eurent vite démontré que le nombre des victimes s'élevait à plus de deux cents.

Mais bientôt on constata un nouveau malheur : c'est que, juste au moment de la catastrophe, un petit groupe de mineurs remontaient sur terre dans la cage destinée à
cet usage, et qu'ils avaient dû être tués par
la chute imprévue d'une masse aussi considérable.

La terreur et la détresse causées par ces
désolantes révélations furent profondes, et,
avant qu'on eût pu s'assurer d'aucun fait,
tout le village était déjà dans une inexprimable confusion. Les femmes et les mères
s'en allaient, pleurant silencieusement, ou se
désolant à grand bruit, au sujet de leurs maris ou de leurs fils ensevelis dans ces profondeurs souterraines, et redoutant toutes d'apprendre que les premières victimes frappées
par le balancier étaient ceux qu'elles aimaient
le plus au monde; elles étaient ainsi parta-

gées entre le désir et la crainte de savoir les
noms des morts ou des blessés.

Avant de poursuivre ce récit, il me faut
d'abord tâcher de vous donner une idée
exacte de l'endroit où les scènes suivantes se
déroulèrent.

Le village s'appelle Hartley. La mine,
quoique très profonde, ne l'était pas autant
que beaucoup d'autres. L'exploitation la plus
basse, appelée couche inférieure, se trouvait à six cents pieds au-dessous du sol;
à environ cent pieds au-dessus se trouvait la
couche dite du centre, et plus près encore
du niveau du sol s'ouvrait l'entrée d'une
troisième exploitation appelée couche supérieure.

Il n'y avait à cette mine qu'un seul puits
de douze pieds de diamètre, partagé vertica-
lement dans toute sa longueur par une forte
cloison en bois. L'un des côtés du puits,
grâce à cette séparation, était muni d'un ventilateur qui servait à purifier la mine et à y
entretenir un air toujours frais, tandis que
les vapeurs corrompues remontaient de l'autre côté. Je n'ai pas besoin de m'étendre sur
la nécessité d'une pareille disposition : mes

7

jeunes lecteurs comprennent aisément l'ur-
gence d'entretenir des courants d'air dans les
galeries, afin de les assainir et d'en rendre
l'atmosphère supportable aux mineurs qui y
passent la plus grande partie de leur vie.
Mais qu'ils veuillent se souvenir aussi que,
dans les autres mines, il y a généralement
deux puits, l'un servant aux exhalaisons impures, l'autre destiné à faciliter l'entrée de
l'air respirable ; or, nous sommes forcés
d'ajouter que, s'il y eût eu deux puits à la
mine d'Hartley, le douloureux événement
dont je vais vous entretenir n'eût probablement pas eu lieu.

Outre l'usage du ventilateur, ce puits avait
encore un grand nombre d'autres destina-
tions : ainsi, du côté qui servait au passage de l'air pur étaient suspendues les ca-
ges à l'aide desquelles les ouvriers montaient
ou descendaient dans la mine, ainsi que les
machines destinées à élever le charbon jusqu'au niveau du sol. De l'autre côté se
trouvaient les pompes, qui dégageaient les
galeries à mesure que l'eau les envahis-
sait.

La machine qui servait à faire jouer les

pompes était très puissante, ce qui ne sur-
prendra personne si l'on réfléchit qu'outre la
grande profondeur où l'eau qu'elles devaient
extraire se trouvait, il y en avait énormé-
ment. La mine était très humide, ou plutôt
le terrain renfermait une telle quantité de
sources, qui à chaque instant faisaient irruption, que la machine devait travailler jour
et nuit; et l'on comprendra en effet combien
cette mesure était nécessaire quand on saura
qu'elle pompait en une minute 1,500 gallons
d'eau (9,000 litres français), soit plus de
deux millions de gallons dans une journée de
vingt-quatre heures (douze millions de litres
français).

Toutes les pompes étaient mises en mouvement par la vapeur, et l'on se fera une
idée exacte du poids des différentes parties
de cette puissante machine si je dis que le
seul balancier qui faisait mouvoir les pompes
pesait plus de quarante tonnes (un peu plus
de 80 milliers).

Bien que ce ne soit là qu'une très impar-
faite description de ce qu'était l'extérieur de
la mine au matin du 16 janvier, je vais commencer mon récit.

A l'ouverture du puits tout était vie et activité ; la machine à vapeur fonctionnait, faisant à elle seule l'ouvrage de quatre cents chevaux ; à mesure que le balancier faisait son mouvement de bascule, un torrent d'eau s'échappait des entrailles de la mine pour aller se perdre plus loin, tandis que de l'autre côté était la poulie qui montait et descendait les mineurs. Deux groupes étaient déjà remontés après avoir fini leurs heures de travail et d'autres se préparaient à suivre leur exemple.

Dans la mine aussi, grande activité. De toutes parts, des hommes et des jeunes gens, dont les travaux étaient terminés, remettaient leurs grossiers vêtements et se pressaient vers le puits, désireux de se retrouver au grand air et d'aller jouir d'un peu de repos à la bonne lumière du jour. D'autres mineurs, qui ne faisaient qu'arriver, travaillaient avec ardeur, les uns à détacher le charbon, les autres à le transporter sous les étroits couloirs à la porte desquels les petits trappeurs les attendaient patiemment, prêts à ouvrir ou à fermer leurs trappes. Tout était plongé dans une obscurité profonde, car

le terne rayon des lampes, loin de dissiper
ces ténèbres, semblait les faire paraître plus
épaisses encore.

Et pourtant, il y avait un joyeux entrain
dans la mine de Hartley dans cette matinée
mémorable. Les mineurs étaient accoutumés
à leur travail, et peut-être ne se fussent-
ils pas souciés d'en changer. La mine leur
était devenue familière et, bien qu'ils sussent à quels périls leur état les exposait, ils
étaient si accoutumés à l'idée de ces dangers
qu'ils avaient presque cessé de s'en préoc-
cuper. Chaque mineur savait que sa profession était honnête, nécessaire et digne d'un
homme de cœur, et que son travail, quelque
fatigant et ennuyeux qu'il fût, lui rapportait
non seulement assez pour les nécessités de la
vie, mais encore pour quelques-unes de
ses superfluités. Aussi, pouvons-nous affirmer qu'ils étaient heureux et satisfaits de
leur sort.

Et ce qui valait bien mieux encore, c'est
que la paix de Dieu régnait dans leurs cœurs,
cette paix qui surpasse toute intelligence, et
qui, nous dit l'Apôtre, n'est répandue dans
les cœurs que par le Saint-Esprit.

Je vous ai déjà raconté comment la connaissance de l'Evangile avait été, bien des années auparavant, apportée à ces pauvres
mineurs vicieux et ignorants, et comment depuis lors on avait pu constater les plus grands
changements parmi eux. Mais on a remar-
qué, en outre, que ceux qui étaient employés
à la mine de Hartley étaient plus particulièrement remarquables par leur activité, leur
sobriété, leur industrie et leur piété ; car ils
étaient animés presque tous de ce véritable
amour pour Dieu, seule base durable de la
paix sur la terre et gage sacré d'un bonheur
éternel au delà du tombeau.

Aussi étaient-ils nombreux ceux qui, dans
l'obscurité de la mine, à l'aurore de ce triste
jour, avaient recommandé leurs âmes à
Dieu. Quelques-uns peut-être ne lui avaient
donné leur cœur que bien récemment,
tandis qu'il y en avait beaucoup qui avaient
fait depuis longtemps la douce expérience
de sa bonté ; mais tous pouvaient s'accorder
à dire avec l'apôtre Paul : « Nous savons
» que si notre demeure terrestre dans cette
» tente est détruite, nous avons dans le
» ciel un édifice qui vient de Dieu, une

» maison éternelle qui n'a point été faite par
» la main des hommes » (2 Cor., V, 1).

Et maintenant, quittons les profondeurs de
la mine pour revenir un instant sur terre.

CHAPITRE II.

Premier jour du désastre.

J'ai dit plus haut que deux groupes d'ouvriers étaient déjà remontés sains et saufs
hors du puits, comme à l'ordinaire, et que
huit autres mineurs se trouvaient dans la
cage ascendante lorsque le grand balancier
des pompes se rompit soudainement. Toute
la partie qui s'élevait au-dessus de l'orifice du
puits tomba dedans, entraînant par son
énorme poids non seulement la cloison de
séparation, mais encore toutes les planches
et toute la maçonnerie dont l'intérieur était
revêtu. L'accident fut si rapide et si imprévu
qu'avant que les personnes présentes eussent pu se rendre compte de ce qui se passait, le puits était en ruine et bloqué par

les terres et les décombres qui se détachaient de tous côtés de ses parois.

Nous empruntons au récit de Thomas Watson, l'un des trois mineurs dont la vie fut préservée, quelques détails sur la catastrophe :

« Il était environ dix heures et demie du
» matin quand, accompagné de sept camara-
» des, Robert Bewick, Ralph Robson, Geor-
» ges Sharp et Georges, son fils, à peine
» âgé de seize ans, William Broum et deux
» autres, je montai dans la cage. Nous
» n'étions guère qu'à mi-chemin du sol,
» quand soudain nous entendîmes un affreux
» craquement, suivi, l'instant d'après, d'une
» avalanche de poutres et de débris qui
» heurta la cage; mais, avant de recevoir
» nous-mêmes aucun choc, nous vîmes quel-
» que chose passer devant nous comme un
» éclair, et le craquement semblait plutôt
» avoir eu lieu à côté de nous qu'au-dessus
» de nos têtes. Je crus que c'était une des
» pompes qui venait de se briser, mais je
» n'osais l'affirmer. Nous fûmes tous précipités
» hors de la cage ou renversés par le choc

» que nous reçûmes alors. Quatre d'entre
» nous furent tués sur le coup ou mortelle-
» ment blessés. Quand nous pûmes réfléchir
» à ce qui s'était passé, nous conclûmes que
» les pompes s'étaient rompues, puisque la
» machine ne fonctionnait plus, et nous pen-
» sâmes en outre que le puits devait s'être
» refermé sur nous.

» Un de nos compagnons ayant des allu-
» mettes, nous allumâmes une lumière. La
» première chose que je fis fut d'examiner
» les chaînes des signaux, et je les trouvai
» encore en bon état. Je les réunis ensemble
» avec mon ceinturon de cuir, dans l'idée de
» m'aider par leur moyen à remonter jus-
» qu'en haut. Mais l'un des hommes qui
» étaient avec moi, Georges Sharp, se déso-
» lait tellement au sujet de son fils qui avait
» été entraîné par la chute de la charpente,
» que, renonçant à mon projet, je me laissai
» glisser le long des pompes pour savoir ce
» qu'était devenu le malheureux enfant. Je
» le trouvai étendu sous une quantité de
» planches et de décombres de toute espèce.
» Je restai là avec lui jusqu'au moment où
» l'on vint à mon secours. On me jeta d'en

» haut un nœud coulant et je remontai ainsi.
» Je fus le dernier sauvé. »

Tel est le simple récit de Thomas Watson,
qui nous parle de ce qu'il a fait comme d'une
chose toute naturelle. Et pourtant n'y a-t-il
rien d'héroïque dans cette périlleuse et in-
certaine descente pour découvrir un compagnon d'infortune, au lieu de suivre ce premier mouvement instinctif de conservation
qui le portait à profiter de la chance de salut
que lui offraient encore les chaînes?

Et lorsqu'il découvrit enfin, parmi ces
ruines, celui qu'il cherchait, que pensez-
vous qu'il fit? Il ne nous le dit pas lui-
même, mais d'autres se chargeront de nous
faire connaître sa conduite. Trouvant son
jeune compagnon encore vivant, mais trop
horriblement engagé au milieu d'une quantité de poutres pour qu'il fût matériellement
possible de le secourir ou de le sauver,
Thomas Watson s'employa pendant de longues heures à prier avec et pour cet infor-
tuné, le consolant et l'encourageant en face
de la mort. Il ne nous dit pas non plus
qu'il ne consentit à le quitter qu'après que

la dernière souffrance eût été endurée, que
le dernier gémissement et le dernier soupir
eurent été exhalés, bien qu'il fût lui-même
tout meurtri par la chute incessante de nouveaux décombres, et courût à chaque instant
le risque d'être enseveli sous les ruines du
puits.

Ah! n'était-ce pas là le véritable héroïsme, l'héroïsme chrétien?... Et devant de
tels faits, ne nous sentons-nous pas assu-
rés que le Dieu qui exauce les prières entendit les supplications de ces pauvres mineurs et y répondit en mettant dans leurs
âmes ses plus tendres consolations, afin de
les soutenir au milieu des souffrances et des
terreurs dont ils étaient environnés? N'avons-
nous pas tout lieu de croire que dans les
dernières heures de sa vie, bien qu'ayant renoncé à tout espoir de secours humain, le
jeune mourant se sentit consolé et fortifié,
ayant ses pensées et sa foi uniquement tour-
nées vers le miséricordieux Sauveur, qui peut
seul arracher à la mort éternelle ceux qui
s'approchent de Dieu par lui? Et si tel était
le cas, même sa situation désespérée, même
ses souffrances et la mort cruelle qui les sui-

vit, tout ne concourut-il pas au bien de son âme?

Et ne croyez-vous pas que, si le généreux mineur qui a survécu pour nous donner ces tristes détails doit vivre de longues années encore, nulle action de sa vie ne pourra donner un plus touchant témoignage de sa piété que le souvenir de cette heure terrible, où, malgré tous les dangers, il renonça volontairement à l'espoir de se sauver, et consentit à aller affronter de nouveaux périls, dans l'unique but de verser jusqu'à la fin, dans l'âme d'un compagnon mourant, le baume de la consolation et de l'espérance chrétiennes?

Mais tandis que Thomas Watson apportait ainsi courageusement des secours spirituels à celui qui ne devait plus revoir la lumière du jour, les hommes qui étaient au bord de ce puits à demi comblé ne se contentaient pas de jeter des cris de détresse et d'effroi et de se tordre les mains dans un désespoir inutile : loin de là. Aussitôt qu'ils se furent rendus compte de la nature de l'accident et des conséquences immédiates qu'il devait avoir, ils se mirent rapide-

ment à l'œuvre pour chercher à y remédier.
Leur pensée d'abord se porta tout naturellement sur ceux qui avaient dû courir le premier danger, et leurs premiers efforts furent dirigés de manière à leur venir en
aide.

Ils s'aperçurent bien vite que les difficultés
sérieuses de déblaiement commençaient à
une profondeur d'environ cent quatre-vingts
pieds au-dessous du sol, et qu'ainsi l'entrée
des galeries supérieures était complètement
bloquée. Mais ce n'était là qu'un éboulement
partiel, et, ce premier obstacle enlevé, il
restait à attaquer la partie formidable de
l'éboulement, car, à quatre cents pieds de
profondeur, entre la première couche de
charbon et celle du centre, s'était formé un
amas de débris, de planches, de poutres, de
terres, de pierres tellement enchevêtré et
scellé dans les parois du puits, que c'était là
que devaient venir se briser tant d'efforts
énergiques durant les longs travaux de cette
œuvre de délivrance.

C'était donc dans l'intervalle existant entre
les différentes parties de l'éboulement que se
trouvaient les premières victimes. Aussi, pour

parvenir à faire passer une corde aux malheureux mineurs, il y eut tant de difficultés
à surmonter, que bien des heures s'écoulèrent avant qu'on pût les atteindre. Et, sur les
huit qui étaient montés le matin dans la cage,
trois seulement purent être retirés vivants.

Quand ils furent en sûreté, on parvint à
enlever la charpente qui obstruait la partie
supérieure du puits, et l'on avisa aux plus
rapides moyens de déblaiement pour la partie
inférieure.

Aussitôt que l'accident fut connu, on envoya des messagers en avertir les ouvriers
des autres mines, et les plus habiles d'entre
eux se hâtèrent de se rendre sur le lieu du
sinistre, pour offrir un concours généreux et
empressé à ceux qui travaillaient déjà à la
délivrance des mineurs ensevelis.

Aucun soin ne fut négligé. Pour remplacer
les machines endommagées par l'accident,
on en amena d'autres, et les travaux commencèrent à s'organiser sérieusement; mais
on fit bientôt une découverte qui était loin
de répondre à l'ardeur impatiente de tous ces
braves travailleurs, car on s'aperçut que deux
hommes seulement pouvaient travailler à la

fois, et qu'obligés de se tenir suspendus à une corde fixée à l'orifice du puits, ils couraient le danger permanent d'être écrasés par la chute inévitable de terre et de débris qui, à chaque instant, se détachaient des parois, comme aussi d'être précipités au milieu des décombres au moindre faux mouvement ou si la corde d'appui venait à se rompre.

En raison de ce surcroît de difficultés, l'ouvrage n'avança que bien lentement durant toute cette journée et la nuit suivante. Bien que le temps fût très froid, un grand nombre de personnes se pressaient aux abords de la mine, qu'éclairaient les rayons de la lune alors dans son plein. C'est ainsi qu'on distingua, pendant toute la durée de cette triste nuit d'hiver, les femmes, les enfants, les mères des mineurs prisonniers, immobiles dans leur douleur, attendant avec le calme du désespoir qu'on décidât si l'on pouvait leur rendre les objets de leur affection, mais assiégés, hélas! des plus tristes, des plus douloureux pressentiments!

Autour de ces groupes mornes et abattus, les mêmes questions se croisaient, toujours sans réponse : « Seront-ils sauvés demain?

Pourra-t-on seulement les sauver?... » Et
mieux valait encore le silence de l'incertitude,
qui laissait au moins quelque espoir, que la
voix basse et désolée qui vibrait dans tous
les cœurs, en y imprimant un de ces pressentiments affreux qui équivalent presque à une
certitude de malheur.

CHAPITRE III.

Deuxième et troisième jour.

L'aurore du second jour retrouva à leur poste ceux qui travaillaient à déblayer les décombres et ceux qui attendaient avec tant d'anxiété le résultat de leurs efforts.

Cependant de tous côtés les tristes nouvelles s'étaient répandues, et l'on savait déjà bien loin que plus de deux cents mineurs étaient enfermés dans la mine de Hartley. Cette catastrophe excita à un si haut degré la sympathie de tous, qu'il arrivait à chaque instant, soit à pied, soit par le chemin de fer, une foule de personnes, tant hommes que femmes, appartenant pour la plupart à la population ouvrière des mines ; en sorte que dans l'après-midi plusieurs milliers de spectateurs étaient réunis près de l'orifice du puits, hâtant de leurs vœux et de leurs prières le moment tant souhaité de la délivrance, mais combattus, eux aussi, entre l'espérance et une crainte qu'on ne se communiquait pas, mais contre laquelle on s'efforçait en vain de lutter.

Je vous ai dit, je crois, que lors de l'accident, tous les mineurs étaient occupés dans les galeries inférieures ; et, s'ils y eussent en effet été retenus, leur perte eût été certaine, à cause de l'eau dont elles étaient envahies dès que les pompes ne fonctionnaient plus. Mais, comme on savait qu'il existait un passage parallèle au puits, conduisant à la deuxième couche de charbon, passage rendu plus facile par une forte et longue échelle de fer, les travailleurs se sentaient soutenus par l'espoir que leurs pauvres compagnons avaient échappé, pour le moment du moins, au danger de la submersion, et devaient être encore en sûreté dans les galeries du centre. Puis, on se répétait, pour se rassurer, que l'air de ces galeries était très sain, que l'eau y était bonne et abondante, et qu'il y avait des provisions destinées aux chevaux, telles

que de l'avoine et des fèves, dont, à la rigueur, les prisonniers pourraient se nourrir
s'ils étaient en proie aux angoisses de la faim.
De plus, la foule, pour s'encourager à la confiance, se disait que puisqu'il y avait dans ces
galeries un petit cheval, plutôt que de périr
d'inanition, les mineurs ensevelis s'en servi-
raient aussi comme nourriture, ce qui con-
serverait toujours leurs forces vingt-quatre
heures de plus. On regrettait seulement que
les autres chevaux de la mine se fussent trou-
vés dans les galeries inférieures, et eussent,
par conséquent, dû périr noyés.

Non seulement ceux qui étaient intéressés
dans la mine, les mécaniciens, les ingénieurs,
ne se lassaient pas dans leurs efforts pour
venir au secours des malheureuses victimes,
mais beaucoup de personnes d'expérience
et de talent vinrent offrir les ressources
de leur savoir aux travailleurs, qui se re-
layaient sans cesse afin de n'apporter ni relâche ni faiblesse à leur œuvre de généreux dévouement. Ces messieurs firent
une inspection minutieuse de l'état des
choses, puis délibérèrent sur les meilleurs
plans d'opération à adopter, afin de fa-

ciliter cette tâche si difficile et si délicate.

Parmi ces derniers, nous citerons M. Coulson. Cet habile chef de mineurs, se trouvant à Newcastle le lendemain de l'accident, partit aux premières nouvelles qu'il en reçut. En voyant la gravité de la situation, il offrit ses services qui furent acceptés, et, sans perdre un instant, il descendit dans la mine. C'était le vendredi, à cinq heures du soir environ, plus de trente heures après l'accident.

M. Coulson trouva le puits affreusement endommagé. La charpente avait entièrement disparu; ici et là, quelques poutres menaçantes étaient prêtes à se détacher et à écraser les travailleurs. Il ne restait plus trace de la cloison. A plus de trente pieds au-dessus de l'ouverture des galeries du centre était la masse de décombres qui présentait les plus décourageants obstacles. Il était plus facile de présumer à quelle profondeur s'étendait l'éboulement que de le constater, même d'une manière approximative.

M. Coulson se mit pourtant à l'œuvre avec courage, et, sans se laisser rebuter par aucun danger, dirigea cette lente et difficile opération.

Ainsi se termina le second jour.

. . . .

Une autre journée s'était écoulée.

Nul secours n'avait encore atteint les pauvres prisonniers. Tard, dans la soirée, un monsieur écrivait ces lignes :

« Après que j'eus quitté la mine hier au
» soir, les travaux de déblaiement avancè-
» rent avec rapidité; mais, vers dix heures,
» une partie du puits céda de nouveau, et
» l'on dut interrompre le travail jusqu'à ce
» qu'on eût rétabli la charpente, pour sou-
» tenir les parties faibles. Ce matin, les ou-
» vriers étaient encore à plus de trente pieds
» au-dessus de l'ouverture des galeries du
» centre, ouverture par laquelle on espère
» sauver ces hommes. Ce soir, la distance
» s'est trouvée réduite à moins de dix-huit
» pieds.

» Tout fait supposer que, demain matin au
» plus tard, l'entrée sera déblayée, et que
» les pauvres mineurs, s'ils vivent encore,
» comme nous en avons la ferme espérance,
» nous seront enfin rendus. »

Ce fut dans cette journée-là, ou dans la nuit précédente, que les cadavres de quatre des infortunés qui avaient péri le premier jour furent retrouvés et transportés dans les galeries supérieures.

Et maintenant, n'ai-je pas dit que nul secours n'était parvenu aux mineurs prisonniers ? Cette assertion, très vraie si elle se rapporte au secours humain, devient fausse au point de vue religieux ; car est-il permis de supposer que Dieu abandonnât, au moment de l'épreuve, tous ces pauvres cœurs qui se confiaient en lui, et qu'il refusât à ces âmes fatiguées et chargées les secours de son Saint-Esprit ? Non, ce n'est pas possible ! Ces hommes, n'en doutons pas, furent rendus capables de jeter par la foi toutes leurs inquiétudes aux pieds du Fils de Dieu, qui les soutint et les consola. Ah ! quel est le secours humain délivrant leur corps périssable qui eût pu valoir la divine assistance qu'ils reçurent de Dieu en leurs âmes immortelles !

Beaucoup, nous le savons, parmi ces mineurs voués à la mort, connaissaient Dieu et l'aimaient. Beaucoup avaient reçu le pardon de leurs péchés, et pouvaient se réjouir de ce que leur Père céleste les avait faits cohéritiers de l'héritage des saints dans

la lumière. Nous les avons vus, rendant témoignage à ceux du dehors de leur amour
pour le Sauveur par une conduite réglée,
pleine de tempérance et des fruits de la justi-
fication ; maintenant, nous pourrions les voir,
ces hommes pieux, au milieu de l'épreuve,
au milieu du danger, en face de la mort,
glorifiant Dieu par d'humbles prières, par de
fidèles exhortations à ceux qui n'ont pas encore cherché ou trouvé leur refuge dans le
salut que nous offre à tous l'Evangile de
paix. Et, quoique les décrets souverains ne
permissent pas qu'aucun de ces mineurs
échappât à la mort temporelle, est-ce une raison de croire qu'ils étaient aussi condamnés
à une mort spirituelle, tandis que, prosternés
devant le Dieu de miséricorde, dans ces heures solennelles et terribles, ils imploraient le
Sauveur des pécheurs? Bien plus : qui osera
dire que beaucoup d'entre eux ne furent pas,
à la onzième heure, saisis de cette tristesse
selon Dieu qui conduit au salut, et ne remi-
rent pas leurs âmes à Jésus-Christ pour trouver en lui la vie éternelle?

N'est-ce pas Lui qui a dit : « Je ne met-
» trai point dehors celui qui viendra à moi? »

et encore : « Venez maintenant et débattons
» nos droits : quand vos péchés seraient rou-
» ges comme le cramoisi, ils seront blanchis
» comme la neige, et quand ils seraient rou-
» ges comme le vermillon, ils deviendront
» blancs comme la laine? »

CHAPITRE IV.

Quatrième jour.

Le Seigneur Jésus, durant son séjour sur la terre, disait à ses disciples que le sabbat était fait pour l'homme et non pas l'homme pour le sabbat. Il demandait aux Juifs, rigoureux observateurs plutôt de la tradition que de la loi, quels étaient ceux d'entre eux qui, ayant une brebis et la voyant tomber dans une fosse au jour du sabbat, ne se hâteraient pas de l'en tirer; et lui-même, pour confirmer ses enseignements divins, a fait en faveur de l'humanité souffrante plus d'une œuvre de miséricorde et de grâce en ce saint jour.

Si quelque chrétien, ignorant les événements qui avaient eu lieu dans la semaine,

eût passé aux abords de la mine de Hartley
le dimanche 19 janvier, il eût certainement
été scandalisé de voir les travaux se continuer
avec tant d'ardeur, les machines en pleine
activité, et les ouvriers se presser à leurs diverses occupations avec un sérieux et un zèle
extraordinaires.

« Quoi ! » se serait-il écrié avec douleur,
« peut-il encore exister des êtres assez ignorants, assez dépravés pour agir ainsi ? Ces
hommes, si anxieux d'obtenir la nourriture
matérielle, n'ont-ils donc aucune inquiétude
pour leurs âmes ? N'ont-ils donc jamais appris
qu'il existe un livre divin nommé la Bible, et
un commandement de Dieu qui ordonne de
se souvenir du jour du sabbat pour le sanc-
tifier ? »

Mais si, au milieu de ces réflexions pénibles, quelqu'un, les devinant, se fût avancé
pour lui répondre et lui eût dit :

« Ces hommes que vous blâmez, les trouvant si ignorants de la vérité et si peu sou-
cieux de la volonté divine, ces hommes agis-
sent pourtant d'après les ordres les plus sacrés,
les commandements les plus saints de la loi
de Dieu, puisqu'ils sont là pour sauver des

vies précieuses, pour arracher à la mort plus de deux cents de leurs semblables, même au péril de leurs propres jours, » ne croyez-vous pas qu'à ces mots l'opinion de ce chrétien eût bien changé? Comme, au lieu de blâmer ces braves travailleurs de leur zèle, de leur humanité, de leur activité infatigable, il les aurait bénis et encouragés! Au lieu d'implorer le pardon de Dieu pour ce qu'il croyait être un effet de leur corruption, il aurait rendu grâces à l'auteur de cette religion qui apprend à aimer son prochain comme soi-même et à se dévouer pour lui. Puis, joignant ses prières à toutes celles qui montaient vers le trône des miséricordes, il aurait demandé, lui aussi, avec ferveur, que Dieu voulût bénir ces travaux, ces hommes dévoués et ceux pour qui ils se dévouaient ainsi.

Souvenons-nous que la Bible nous apprend à ne pas juger sur les apparences, mais à juger selon la vérité.

Les travaux continuèrent, durant toute cette journée du dimanche, sans interruption, sans relâche, et pourtant le soir les mineurs étaient encore dans les sombres galeries qui depuis trois jours leur servaient de prison, et l'on ne pouvait fixer le moment précis qui leur rendrait la liberté. Une chose pourtant encourageait les travailleurs à espérer et à redoubler d'efforts ; c'était celle-ci : dans la nuit du samedi, comme du reste à plusieurs reprises pendant les autres jours, on avait entendu les prisonniers travailler à s'ouvrir un passage, signalant ainsi leur vie et leur présence dans les galeries du centre. C'étaient là de bonnes nouvelles à donner à la foule et à envoyer dans les villages environnants ; car n'était-il pas permis d'espérer que tous, hommes et jeunes gens, pourraient encore être sauvés?

Tandis que tant d'ouvriers généreux travaillaient ainsi de toutes leurs forces à cette noble tâche, et que des spectateurs par milliers s'étaient réunis là pour avoir les premières nouvelles ainsi que pour être témoins de la délivrance des pauvres mineurs ensevelis, de toutes parts des prières publiques se faisaient dans les chapelles et dans les églises de toutes les localités où on avait eu connaissance de l'accident, et des invocations plus secrètes, mais non moins sincères s'élevaient dans toutes les familles et de tous les cœurs, demandant à Dieu sa bénédiction pour le résultat des travaux entrepris.

Mais si bien des prières étaient adressées à Dieu pour la délivrance temporelle des prisonniers, il y avait des âmes chrétiennes qui, sachant que les voies de Dieu ne sont pas nos voies, ni ses pensées nos pensées, demandaient non seulement cette délivrance temporelle mais surtout qu'ils fussent préparés par le Saint-Esprit à tout événement, et que, résignés à leur sort, pardonnés par la grâce et soutenus par la foi, ils pussent quitter cette vie avec la ferme assurance de rencontrer leur Sauveur au seuil de l'éternité.

Et soyez sûrs que ces âmes chrétiennes et fidèles n'oubliaient pas les pauvres femmes et les mères désolées de mineurs; elles les unissaient toutes dans une fervente requête, afin que Dieu leur accordât la patience et la résignation à sa volonté quelle qu'elle pût être, demandant de plus que ces douloureuses et solennelles circonstances amenassent les cœurs qui ne s'étaient pas encore approchés de Dieu à s'adresser avec confiance à

Celui qui peut seul consoler et soutenir ceux qui sont dans l'affliction.

Les ouvriers qui risquaient sans cesse leur vie dans le périlleux travail du déblaiement n'étaient pas non plus oubliés. Ces hommes intrépides continuaient à ne pouvoir travailler que deux ou trois à la fois. Toujours soutenus par des cordes, ils étaient suspendus à une telle profondeur qu'à peine si une lueur de jour parvenait jusqu'à eux; en outre, ils étaient toujours exposés à voir le puits se refermer sur eux et à être broyés par les pierres et les débris qui se détachaient à toute heure des parois que rien ne soutenait plus. Heureusement que la protection divine les entourait, car tout à coup les eaux qui filtraient le long du puits, entraînant les décombres après elles, déterminèrent un nouvel éboulement. Un seul ouvrier se trouvait occupé dans le fond, mais il ne lui arriva aucun mal, bien qu'on eût beaucoup de peine à le dégager de dessous les masses de terre qui s'étaient effondrées. Dès lors, il fallut de nouveau suspendre les opérations jusqu'à ce qu'on eût pu consolider l'intérieur du puits.

J'avais oublié de mentionner que, dans la soirée du samedi, le cinquième cadavre fut trouvé parmi les poutres et réuni aux quatre autres. Ainsi, tandis que toute la population du village était sous le coup de la plus terrible appréhension, il y avait déjà quelques cœurs brisés qui n'avaient plus même le douloureux espoir de l'incertitude.

Ainsi se passèrent les courtes heures de ce triste dimanche, et quand, à la lueur sinistre et rougeâtre des amas de charbon enflammé qu'on entretenait autour de l'ouverture du puits, on put recommencer les travaux, si involontairement interrompus, la crainte bien sérieuse maintenant que tout ce travail d'humanité et d'abnégation ne fût perdu vint humecter bien des paupières, sans pour cela diminuer le courage et la vigueur d'un seul des ouvriers.

CHAPITRE V.

Cinquième et sixième jour.

Lundi arriva ; nul secours encore n'avait atteint les mineurs. Je vais copier ici quelques fragments d'une lettre écrite dans la matinée de ce jour.

« Maintenant que le puits est arrangé so-
» lidement et, autant qu'on peut en juger,
» d'une manière sûre pour les travailleurs,
» on espère que les travaux de déblaiement
» marcheront avec rapidité. Du reste, on a
» gagné une bonne avance ce matin... Les
» ouvriers ne sont plus qu'à douze pieds de
» l'ouverture qu'il s'agit d'atteindre, et tout
» fait espérer que sitôt qu'on sera au niveau
» de l'entrée des galeries, une communica-
» tion immédiate pourra s'ouvrir entre les

» pauvres prisonniers et leurs camarades. On
» pense qu'avec quelques nouveaux relais de
» mineurs courageux et non fatigués, on pourra
» parvenir bientôt à déblayer ce passage. Il
» y a dans la couche du centre une galerie
» voûtée de six pieds de haut, conduisant du
» puits à l'échelle de fer par laquelle on con-
» jecture que les hommes se sont échappés
» de la couche inférieure. C'est dans cette
» galerie que sans nul doute on retrouvera
» ceux des prisonniers qui seront encore en
» vie. On ignore s'ils ont pu se procurer du
» feu ; mais on est assuré qu'ils avaient une
» assez grande quantité d'huile pour alimen-
» ter les lampes pendant quelques jours au
» moins.

» Les corps des cinq mineurs tués par la
» chute du balancier ont été aujourd'hui
» transportés des galeries supérieures dans
» leurs maisons.

» Les travaux de ces quatre derniers jours
» ont marché avec une régularité et un ordre
» merveilleux. Il n'y a eu sur la terre ni
» bruit ni confusion. A mesure qu'on retirait
» des décombres ils étaient amoncelés dans
» les galeries de la couche supérieure. Le

» seul bruit qui vînt interrompre le silence
» qui régnait à l'orifice du puits, maintenant
» de plus de trente pieds de diamètre, était
» produit par les voix des ouvriers s'interpel-
» lant et s'entre-répondant pour les indica-
» tions nécessaires à leurs travaux.

» Après la nuit de vendredi, les femmes
» et les enfants des mineurs ensevelis se sont
» laissé persuader de quitter la mine, et l'on
» est parvenu à les empêcher d'y revenir,
» ce qui a été d'un grand soulagement pour
» les travailleurs, que leur désespoir navrait
» et énervait.

» Le docteur Davison, attaché à la compa-
» gnie des mines, et assisté de temps à autre
» par le docteur Pyle et d'autres chirurgiens,
» est resté sur le lieu du désastre depuis la
» première nouvelle de la catastrophe, afin
» d'être prêt à toute éventualité.

» M. Carr, l'un des propriétaires de la mine,
» semble à bout de forces et complètement
» exténué par ces quatre jours et ces quatre
» nuits d'incessante et douloureuse anxiété.
» Il est accompagné de M. Humble et des au-
» tres chefs de travaux. Quelque grande que
» soit la tâche de M. Coulson, il la continue

» cependant sans faillir et sans trop souffrir
» de la fatigue. Il s'est lui-même occupé de
» consolider le puits, et sa grande expérience
» à cet égard a été infiniment précieuse.
» C'est sous sa direction constante que se sont
» faits et se font encore les difficiles et péril-
» leux travaux du déblaiement.

» L'anxiété de chacun des habitants du
» district devient d'heure en heure plus in-
» tense, à mesure que le temps s'écoule et
» que le sort de tous ces infortunés reste
» encore indécis. La nuit dernière (quatrième
» de veille et de douleur pour les familles
» de tous ces pauvres gens) a été une
» nuit d'angoisse extrême dans toutes les
» chaumières, bien que l'assurance qu'on
» avait encore entendu quelques voix dans
» le puits vînt soutenir l'espoir et le courage
» de toutes ces malheureuses femmes ; car
» il faut remarquer que la plus grande par-
» tie de ces mineurs sont mariés, et ceux
» qui manquent forment réellement la pres-
» que totalité de la population mâle du vil-
» lage. Une de ces pauvres femmes a dans la
» mine son mari et six enfants, plus un gar-
» çon qu'elle et son mari avaient adopté et

» élevé. Beaucoup d'autres ne sont guère
» dans une meilleure position. Un de ces
» hommes avait, dit-on, emmené son fils,
» tout jeune enfant, pour lui montrer la mine
» une heure à peine avant l'accident, jeudi
» matin. »

Deux heures environ après avoir écrit ce
qui précède, la personne de qui nous tenons
ces détails reprenait ainsi :

« Je reviens à l'instant d'une seconde visite
» à la mine. L'ouvrage avance avec rapidité.
» Les dernières nouvelles annonçaient qu'il
» y avait une cavité d'environ six pieds de
» profondeur dans l'éboulement ; M. Coulson
» et quatre ouvriers, armés de pics, viennent
» de descendre à l'instant ; et on a maintenant
» la presque certitude qu'une communication
» sera établie dans le courant de la journée.

» Une foule immense s'est rassemblée au-
» tour du puits ; mais l'anxieuse impatience
» des familles des mineurs est devenue si in-
» tense et si douloureuse, depuis qu'on leur
» a communiqué cette espérance, que cela
» fait mal à voir. »

Six ou sept heures plus tard on expédiait
ce nouveau message :

« A une heure, M. Coulson, directeur des
» travaux de sûreté, avait fait dire qu'on se
» tînt prêt à recevoir les mineurs vers cinq
» heures du soir. Tous les préparatifs ont,
» en conséquence, été faits, et un grand
» nombre de médecins se sont réunis, et ne
» quitteront la place que lorsqu'on saura
» décidément à quoi s'en tenir relativement
» au sort des prisonniers. Malheureusement
» les dernières nouvelles font présumer qu'il
» faudra beaucoup plus d'heures qu'on ne
» l'avait cru d'abord, pour atteindre l'ouver-
» ture des galeries.

» Rien ne saurait vous dépeindre la cruelle
» angoisse et la pénible excitation qui rè-
» gnent ici, à l'idée que ces infortunés ont
» encore une longue nuit à passer sans se-
» cours. Ces alternatives de crainte et d'es-
» poir brisent toutes ces pauvres femmes et
» leur vue fait pitié.

» Les travaux continuent sans interrup-
» tion ; mais ils sont de la nature la plus
» difficile et la plus décourageante.

. . . .

» Les derniers travailleurs qui sont remon-
» tés nous ont fait un rapport moins défavo-

» rable. Les ouvriers travaillent maintenant
» au milieu de planches cassées et de petites
» pierres ; leur courage est fortement soutenu
» par l'ouïe de la chute incessante de débris
» qui se détachent de la partie inférieure
» de l'amas de décombres sur lequel ils se
» trouvent, ce qui prouve d'une manière suf-
» fisante qu'il existe au-dessous de la partie
» solide de l'éboulement un vaste espace
» libre. On espère alors qu'aussitôt qu'on
» aura assez ébranlé les divers débris qui
» se sont scellés dans les parois, un nouvel
» éboulement aura lieu qui livrera l'accès de
» la couche du centre.

» Pendant tout ce temps, l'eau ne discon-
» tinue pas de filtrer en abondance tout le
» long du puits, entre les planches mal join-
» tes qui en soutiennent les côtés faibles ;
» mais on ne croit pas avoir à redouter de
» nouveaux accidents avant la fin des tra-
» vaux...

» Il paraît qu'il n'y a que ceux qui descen-
» dent dans le puits et qui y travaillent, qui
» puissent se faire une idée juste de la diffi-
» culté de la tâche entreprise. Les obstacles
» se sont agglomérés, scellés dans les parois

» humides, et solidifiés par les chutes de terre.
» Que Dieu bénisse cette grande œuvre de
» dévouement et d'humanité !...

» ... Les nouvelles sont peu rassurantes.
» Cependant on a agrandi l'ouverture de la
» cavité dont j'ai parlé plus haut. Il semble
» qu'elle incline du côté des galeries.

» ... Une nouvelle chute de matériaux vient
» de l'obstruer ; mais on pense se débarrasser
» en demi-heure de cet obstacle.

» ... Les plus décourageants rapports nous
» sont parvenus. M. Wilkinson, un des con-
» tremaîtres, est descendu pour examiner la
» cavité. Il est parti avec le relai de sept heu-
» res du soir et est resté en bas jusqu'à en-
» viron dix heures. Les ouvriers ont pendant
» ce temps reçu l'ordre de travailler princi-
» palement à élargir l'ouverture, en ayant
» soin d'incliner toujours vers le côté des
» galeries. Malgré toutes les difficultés, ils
» ont obéi à cet ordre avec la plus coura-
» geuse bonne volonté... »

» ... M. Wilkinson vient d'être rapporté
» fortement indisposé par un léger dégage-
» ment d'acide carbonique. »

Telles furent les dernières nouvelles

données le lundi, à onze heures du soir.

Cinq fois déjà le soleil d'hiver avait paru et disparu à l'horizon, éclairant toujours les mêmes scènes d'activité, de douleur et de dévouement. Mais à l'aurore du sixième jour, tout espoir était presque éteint. Quoique tant d'hommes généreux, que ne décourageaient ni les obstacles, ni les dangers, ni l'incertitude de cette longue tâche, se fussent relayés toute la nuit avec autant d'ardeur que le premier jour, ils n'étaient pas encore parvenus à se frayer un chemin au milieu des décombres. Et, pour ajouter à cet affligeant résultat, on se souvenait que nulle voix, nul bruit n'avaient été entendus depuis le dimanche à une heure de l'après-midi. Il est vrai qu'on cherchait à atténuer le triste effet de cette réflexion en se répétant que les pauvres prisonniers avaient dû être forcés de se retirer à l'autre extrémité des galeries; ou bien qu'exténués par la faim, la maladie, la lassitude, ou découragés par le peu de succès de leurs tentatives, ils avaient renoncé à se faire entendre, n'ayant plus le courage et l'énergie d'appeler à leur secours.

Cependant, malgré tous ces raisonnements,

les ouvriers se regardaient les uns les autres avec tristesse, sans pour cela interrompre leur ingrate entreprise. La foule, naguère si impatiente et si pleine d'anxieuse attente, se mouvait avec une consternation mal déguisée. Sans que personne voulût s'en rendre compte, les plus tristes pressentiments assaillaient tous les cœurs, et on ne pouvait s'en défendre en voyant le peu de progrès des travaux. Il semblait qu'on n'y apportât pas assez de zèle et de bonne volonté; quelques-uns même se figuraient qu'on leur cachait de mauvaises nouvelles, et que les travailleurs en savaient plus au sujet des prisonniers qu'ils ne voulaient en dire.

Comment vous décrire le spectacle navrant que présentait la réunion de toutes ces pauvres femmes, pressées les unes contre les autres avec leurs enfants autour d'elles, et qui, le cœur déchiré par ces alternatives d'espérance et d'angoisse, devinaient avec désespoir la signification probable de ce nouveau retard? Brisées par ces cinq longs jours d'attente et ces cinq nuits que la douleur, la veille et l'insomnie leur avaient fait paraître plus longues encore, elles ne se faisaient plus

illusion, et la poitrine haletante, la voix
éteinte, étouffant leurs sanglots, elles se par-
laient tout bas de leur grande et commune
infortune.

Voici les détails du sixième jour.

Dans la matinée du mardi et pendant que
les travaux se continuaient avec la plus
grande activité, on s'aperçut qu'un imminent
péril planait sur les courageux travailleurs.
En effet, les gaz longtemps contenus parvinrent à se faire jour, et, entre autres, ce gaz
si redoutable que nous connaissons déjà sous
le nom d'acide carbonique ; n'ayant plus
trouvé d'issue à travers la masse compacte
de l'éboulement, il s'était amassé dans la partie inférieure de la mine, et l'on a déjà vu
que M. Wilkinson en avait ressenti la redoutable influence, puisqu'on l'avait rapporté au
grand air dans un état d'insensibilité presque
complet.

Il ne s'écoula pas longtemps avant que les
funestes effets de ce gaz se manifestassent
d'une manière plus terrible encore.

Tandis que quelques mineurs étaient occupés au fond du puits, se réjouissant entre
eux de ce qu'ils atteignaient enfin à l'ouver-

ture tant souhaitée, il se fit soudain au-dessous de l'endroit où ils travaillaient une nouvelle et plus forte chute de pierres et de
décombres qu'ils entendirent distinctement
tomber à une grande profondeur; mais, presque aussitôt, le gaz empoisonné, s'ouvrant un
passage par cette ouverture même, faillit les
asphyxier. Heureusement qu'ils eurent la
force de faire les signaux de détresse et le
secours arriva. Mais quand on les déposa
sur terre ils étaient tous évanouis, et la vie
de l'un d'entre eux donna même pendant assez longtemps de graves inquiétudes.

Ceux qui s'étaient empressés autour des
victimes pour leur porter secours ayant été
eux-mêmes sérieusement affectés par le gaz,
les travaux durent être suspendus jusqu'à ce
qu'on eût, par de sages précautions, rendu
le séjour du puits moins dangereux pour les
travailleurs.

Il était naturel de supposer que la découverte de la présence de l'acide carbonique
devait détruire tout espoir existant encore de
sauver les pauvres mineurs, car on se disait
avec vérité que, si ce gaz avait failli devenir
fatal à ceux qui se trouvaient dans le puits,

il devait depuis longtemps avoir exercé ses
ravages dans l'étroit espace où les malheureux prisonniers étaient renfermés.

Cette grave question, qui préoccupa tous
les esprits, ne pouvait guère recevoir une so-
lution satisfaisante. Cependant il y eut quelques personnes qui firent la remarque que ce
gaz mortel ne se répandait pas toujours dans
toutes les parties d'une mine, et qu'ainsi il
se pouvait parfaitement que l'air des galeries
du centre fût demeuré respirable, bien que
celui du puits fût corrompu.

On avisa au moyen le plus expéditif et le
plus sûr de purifier l'air du lieu des travaux.
Mais le plan qu'on jugea prudent d'adopter
devait retarder de beaucoup l'ouverture d'un
passage conduisant jusqu'aux mineurs ensevelis. Il s'agissait d'adapter au puits une cloison artificielle, remplissant le but de celle
qui avait été détruite le premier jour. Que
d'heures il fallait pour que cette cloison fût
prête, qu'elle fût assujettie, qu'on se fût assuré qu'elle répondait au but qu'on s'était
proposé, et qu'il était possible de continuer
les travaux sans encourir la terrible respon-
sabilité de la mort des travailleurs !

Ce fut dans cet état de cruelle anxiété et d'affreuse incertitude pour tous que se passa encore une autre nuit.

CHAPITRE VI.

Septième et dernier jour.

Qui ne comprendra le sentiment indicible
de joie et d'impatience avec lequel tous ces
mineurs dévoués et courageux virent, aux
premiers rayons de soleil, le mercredi, *septième* jour, arriver le moment qui leur per-
mettrait, après ce repos forcé, si pénible à
leurs cœurs, de reprendre l'œuvre d'humanité
à laquelle ils avaient consacré toutes leurs
forces et toutes leurs pensées? L'inaction leur
paraissait plus affreuse que les plus grands
dangers, car ils songeaient à ces deux cents
mineurs ensevelis sous le sol même qu'eux
foulaient librement. Ils se les figuraient lan-
guissant après la délivrance, mourant peut-
être, loin de tout secours, loin de leurs fa-

milles, tandis qu'eux se reposaient autour des immenses brasiers qui éclairaient d'une lueur rougeâtre les abords de la mine. Alors, ils auraient voulu reprendre les travaux immédiatement; mais malgré leur ardeur, il fallait attendre que la cloison fût assujettie. Oh! comme le temps leur sembla long!

Et maintenant, vous étonneriez-vous si je vous disais que dans ces heures d'attente et d'inexprimable torture, les malheureuses femmes, les mères, les filles et les sœurs des prisonniers, courbées sous le poids d'une douleur indescriptible, se détournaient de ceux qui auraient voulu chercher à les consoler ou à ranimer dans leurs cœurs une dernière espérance? Rendues à demi folles par le désespoir, elles étaient disposées à accuser d'indifférence, de poltronnerie, de lâcheté même, les hommes qui avaient si souvent risqué leurs vies pour ceux qu'elles pleuraient. Et les spectateurs, émus de ces scènes de deuil, entendaient de sourds murmures, entrecoupés de sanglots et parfois de ces cris désespérés : « Rendez-nous nos maris! Rendez-nous nos fils! Rendez-nous nos pères et nos frères! »

Et pourtant, si quelques-uns de ces cœurs brisés devinrent injustes dans l'excès de leur infortune, et exprimèrent l'amertume de leur affliction par des lamentations bruyantes, il y en avait d'autres qui ne sentaient pas moins profondément, mais qui pleuraient d'une autre manière. Ah! écoutez! écoutez, chers jeunes lecteurs! Et bien que cela puisse faire couler vos larmes, vos âmes cependant seront réjouies d'entendre ces mots de confiance et de résignation, murmurés à voix basse dans plus d'une chaumière désolée, où des cœurs chrétiens abritaient leur douleur : « Quand même Il me tuerait, je ne cesserais pas de » me confier en Lui. » « C'est l'Eternel : » qu'il fasse ce qui lui semblera bon. » « L'Eternel l'avait donné, l'Eternel l'a ôté; » que le nom de l'Eternel soit béni. » « Cer-» tainement j'aurai recours au Dieu fort et » j'adresserai mes paroles à Dieu; car c'est » lui qui fait la plaie et qui la bande; il » blesse et ses mains guérissent. » Ne vous est-il pas doux de croire que de telles pensées se présentaient avec leur sainte et efficace consolation au souvenir de plus d'une de ces femmes ou de ces mères si dou-

loureusement frappées, si profondément affli-
gées, lorsqu'à ce moment de leur veille incessante, elles pressentaient que tout espoir
était désormais perdu, et que ceux qu'elles
avaient tant aimés dormaient déjà d'un éternel sommeil? N'est-il pas réjouissant de penser qu'au milieu de la multitude de leurs réflexions désolantes, les consolations divines
répandaient une vivifiante influence et venaient raffermir leur cœur, de telle manière
qu'elles pouvaient s'écrier comme le roi-prophète : « L'Eternel est près de ceux qui ont
» le cœur rompu, et il délivre ceux qui ont le
» cœur brisé. » « L'Eternel est mon berger...
» Même quand je marcherais par la vallée de
» l'ombre de la mort, je ne craindrais aucun
» mal; car tu es avec moi; c'est ton bâton
» et ta houlette qui me consolent! »

Ah! serait-ce trop présumer de ces âmes
chrétiennes, que de croire que leur foi ré-
sista à ces terribles atteintes de l'épreuve,
et que, du fond même de leur cœur, déchiré
par tant d'angoisses et de souffrances, pût
s'élever et s'éleva en effet cette ardente
prière :

« Seigneur, aide-nous à dire que ta vo-

» lonté soit faite sur la terre comme au ciel !
» Aide-nous à être les disciples soumis de
» ton divin Fils, notre Rédempteur. Aide-
» nous à tellement soumettre nos cœurs re-
» belles que nous puissions te dire : Père,
» la coupe que tu nous donnes à boire, ne
» la boirons-nous pas? Aide-nous à nous
» charger de notre croix, quelque lourde
» qu'elle puisse être ; et toi, Sauveur, bon
» Sauveur, aide-nous à la porter sans mur-
» mure ! »

Douterons-nous que le *bon Sauveur*,
que ces femmes pieuses imploraient ainsi
avec confiance et soumission, ne leur donna
pas sa force et son secours au moment du
besoin ? Douterons-nous qu'il n'accomplit
pour elles la promesse qu'il a faite à tous
ceux qui se confient en lui : « Quand tu pas-
» seras par les eaux, je serai avec toi, et
» quand tu passeras par les fleuves, ils ne te
» noieront point ; quand tu marcheras dans
» le feu, tu ne seras point brûlé et la flamme
» ne t'embrasera point. Ne crains point, car
» je suis avec toi. »

Elles eurent aussi des consolateurs terrestres, des amis sympathiques dont les douces et bonnes paroles et les actions généreuses ne seront point oubliées de longtemps dans ce village.

Comment ces veuves désolées (car elles le sont toutes maintenant) pourraient-elles cesser de se rappeler qu'une reine, veuve comme elles, oubliant sa propre douleur, ou plutôt ne s'en souvenant que pour rendre sa sympathie plus touchante, envoyait des messages d'affectueux encouragement de son palais dans ces chaumières, et, plus tard, quand l'affreux dénouement fut connu, témoigna de sa tendre commisération d'une manière plus sensible encore?

Mais je ne veux point anticiper sur les événements, car j'ai encore un fragment de lettre à vous communiquer sur ce qui se passait à Hartley ce mercredi-là.

Nous avons vu comment, bien qu'on fût déjà au septième jour, les obstacles s'étaient accumulés et avaient retardé le résultat de tant d'efforts et de dévouement. Nous avons vu aussi, dans le commencement de ce chapitre, combien l'interruption apportée au laborieux travail du déblaiement avait attristé les mineurs, et combien leur inaction forcée leur pesait.

Vers midi on écrivait les détails suivants :

« Les travaux ont beaucoup avancé dans
» le puits, et la cloison est à peu près posée.
» On achève de la fixer, tout en consolidant
» les parois auxquelles elle est adaptée. Deux
» messieurs sont descendus jusqu'aux gale-
» ries supérieures et ils viennent de remon-
» ter. Leur rapport au sujet de l'air est sa-
» tisfaisant. Ils l'ont trouvé considérablement
» purifié, et le puits se débarrasse peu à peu
» de ses exhalaisons funestes. On ose main-
» tenant espérer qu'à moins de circonstances
» tout à fait imprévues, on pourra parvenir
» dans quelques heures aux galeries du cen-
» tre. Tout fait supposer qu'il doit s'être dé-
» taché une quantité considérable de décom-
» bres de la partie inférieure de l'éboulement.
» S'il en est ainsi, cela simplifiera beaucoup
» les travaux... Environ cinquante mineurs
» ont été employés tour à tour aux dernières
» opérations qu'a nécessitées le puits. Deux
» sections des hommes les plus expérimentés
» se tiennent maintenant prêts à descendre

» pour aller explorer les lieux, aussitôt que
» l'état de l'air le leur permettra. »

Telles sont les dernières nouvelles incertaines qui furent expédiées de Hartley.

CHAPITRE VII.

Douleur et consolation.

Ceux qui sont arrivés jusqu'à cette partie de mon histoire seront sans doute préparés à en entendre le triste dénoûment, que je vais donner en peu de mots.

Dans la soirée du septième jour, aussitôt que le puits fut reconnu en état d'être exploré de nouveau, deux hommes courageux s'offrirent pour tenter les premiers cette périlleuse exploration. On les descendit, et ce ne fut qu'après beaucoup de travail et de difficultés qu'ils parvinrent à se frayer un passage jusqu'à l'ouverture des galeries.

Qu'on se figure avec quelle anxiété leur retour était attendu ! Les dernières minutes d'incertitude parurent des siècles à tous les spectateurs. A la fin, les braves explorateurs reparurent dans le puits et l'on se hâta de les remonter.

Quelle lugubre tâche il leur restait à accomplir ! Hélas ! il leur fallait faire connaître la triste vérité : c'est que de tous ces malheureux mineurs, jeunes ou vieux, pas un n'était vivant pour jouir du moment de la délivrance.

Inutile de vous décrire la vue impressive et solennelle dont ces deux hommes et d'autres qui descendirent après eux furent les témoins émus ; inutile de vous raconter comment, un à un, les morts furent rapportés sur terre et placés dans les cercueils préparés pour chacun d'eux, avant d'être rendus à leurs familles désolées ; inutile de vous parler des enquêtes judiciaires faites à propos de la mort de ces pauvres mineurs, ni de m'étendre sur le spectacle navrant que présenta l'enterrement de tous ces cadavres.

Mais arrêtons-nous cependant encore un peu, en imagination, aux abords de cette mine maintenant abandonnée. Revenons en arrière ; revoyons une à une les scènes qui s'y sont passées, jour après jour, durant plus d'une semaine, et songeons un instant aux soucis, aux craintes, aux tortures morales, aux espérances déçues, qui ont tour à tour agité tant d'esprits et brisé tant de cœurs. Donnons encore un regard à ces centaines de mineurs venus de toutes les directions, et qui assistaient à toutes les péripéties de ce drame terrible, unis dans un même vœu, dans une même pensée, dans une même prière en faveur de leurs compagnons ensevelis, et de ceux qui se dévouaient pour eux. Voyons-les, agités durant les premiers jours, abattus pendant les derniers; et voyons-les encore au moment fatal, lorsqu'on leur apprend que tous, tous ont péri, et que, courbant la tête dans un profond et douloureux silence, ils laissent, une à une, couler sur leurs joues ridées les grosses larmes de leur sympathique et tendre pitié.

Et puis, revenons à nous-mêmes et réfléchissons. Demandons-nous tous, pendant que nous sommes encore sous l'impression solennelle de pareilles scènes, si, dans le cas où nous serions rappelés soudainement, comme ces pauvres mineurs, nous serions préparés à la mort, au jugement, à l'éternité.

Consolés par le ferme espoir que beaucoup de ces mineurs étaient prêts à marcher à la rencontre de leur Dieu, étant pleins de foi en Jésus-Christ et ayant été renouvelés et sanctifiés par le Saint-Esprit, nous pouvons détourner notre vue de ces tristes lieux où tant de larmes ont coulé, en gravant dans nos cœurs cette parole du Seigneur Jésus : « Vous donc aussi soyez prêts ; car le Fils de » l'homme viendra à l'heure que vous ne » penserez point. »

Et maintenant, consacrons encore un instant à ceux qui ont survécu pour pleurer leurs morts.

Entrons dans leurs demeures.

Je vous ai dit combien les mineurs d'Hartley étaient sobres, rangés, industrieux. C'est ce qui vous expliquera le bien-être que vous voyez régner dans toutes ces chaumières, car, lorsque les gains sont suffisants et sagement employés, tout dans l'intérieur en porte la trace. J'ai dit aussi que c'étaient des hommes religieux, de sorte que vous n'aurez pas lieu d'être surpris de voir partout les saintes Ecritures occuper chez eux une place honorable. D'ailleurs ils ont rendu

par leur vie un si touchant témoignage à la
vraie piété, que ceux même qui ne se laissent guider ni par la Bible ni par les conseils
religieux nous disaient tous quelle consolation ils trouvent à penser qu'il y eut tant de
chrétiens sincères dans ce village avant qu'il
fût désolé.

Car il est maintenant désolé! Le lendemain
du jour qui révéla la triste vérité, presque
toutes les fenêtres, soigneusement closes, at-
testaient que chaque demeure était une maison de deuil; et l'on eût pu entendre les sanglots et les cris des femmes pleurant leurs
maris, des mères redemandant leurs fils, des
enfants appelant leurs pères; de tous enfin
menant deuil sur un être aimé.

Mais si la douleur était profonde et réelle,
il y eut beaucoup de sympathie et de consolations. Des personnes pieuses, pleines de
bonté et de charité, passaient d'une maison
à l'autre, parlant aux affligés de ce qui pouvait soutenir leur courage, et dirigeant leurs
pensées vers le miséricordieux Sauveur qui
a souffert une fois toutes nos afflictions étant
homme, qui a été tenté en toute chose si
l'on en excepte le péché, et qui est seul le

Consolateur puissant de ceux qui souffrent.

Je ne m'appesantirai pas plus longtemps sur ces scènes de douleur; mais je désirerais vous dire ce que l'on fit pour ces pauvres veuves et ces nombreux orphelins.

Je vous ai parlé plus haut de la conduite de la reine en cette occasion, et des messages précieux qu'elle envoya pendant toute la semaine, par le télégraphe, et qui devinrent de plus en plus fréquents et affectueux à mesure que le terme fatal approchait.

A la fin, quand on lui eut communiqué le triste résultat de tant de travaux et de tant d'espérances, la reine fit immédiatement partir la lettre suivante qui fut lue dans chaque famille :

« Monsieur,

» La reine, au sein même de sa profonde
» douleur (1), a pris la plus vive part à l'af-
» freuse catastrophe de Hartley, et, jusqu'au
» dernier moment, elle avait espéré qu'au

(1) La reine d'Angleterre n'était veuve que depuis un mois environ, lors de ce terrible accident.

» moins une grande partie de ces pauvres
» gens pourraient être sauvés. Ces affreuses
» nouvelles l'ont vivement affectée.

» Sa Majesté me charge de dire qu'elle
» éprouve la plus tendre sympathie pour les
» pauvres veuves et mères, et que sa propre
» infortune ne lui fait que mieux comprendre
» leur douleur.

» Sa Majesté espère que l'on fera tout ce
» qui sera possible pour alléger leur détresse,
» et elle ressentira une triste satisfaction à
» contribuer elle-même à toutes les mesures
» qui seront prises dans ce but.

» Veuillez me tenir au courant de tout ce
» que l'on fera. »

La reine ne limita pas ses efforts en faveur
des affligés à de bonnes et consolantes paroles. Elle envoya deux cents livres (5,000 fr.)
à Hartley, et son exemple fut si généreusement suivi par toutes les classes de la société,
qu'au bout de quelques jours les souscriptions ouvertes de toutes parts avaient rapporté beaucoup plus d'argent qu'il n'en fallait
pour secourir toutes les misères que le désastre de Hartley avait fait naître.

CHAPITRE VIII.

Derniers moments des mineurs de Hartley.

Nul n'a survécu pour venir nous révéler le secret des dernières heures des pauvres prisonniers. La tombe jalouse a renfermé dans son sein tous les détails qu'il nous eût été si doux de connaître, et l'on ne peut procéder que par suppositions, quant aux efforts que firent ces infortunés en se voyant ensevelis vivants sans savoir s'ils reverraient jamais la lumière du jour.

Naturellement la première chose qu'ils durent faire fut de s'échapper des galeries inférieures qui, au moyen de l'échelle de fer, communiquaient avec celles du centre. Remarquons ici, en passant, qu'il y avait aussi une échelle conduisant des galeries supérieures à la surface de la terre, mais qu'on avait négligé d'ouvrir une communication entre les galeries du centre et les galeries supérieures. Sans cette inexplicable négligence, il n'y aurait point eu d'accident à déplorer, et tant de familles laborieuses ne seraient pas aujourd'hui privées de leurs chefs ou de leurs soutiens.

Chers jeunes lecteurs, de cette circonstance laissez-moi tirer une courte mais sérieuse leçon : c'est que nous n'avons pas le droit de négliger un seul des moyens qui nous sont offerts pour notre sécurité, notre prospérité et notre bonheur, et d'espérer ensuite que Dieu, par ses soins vigilants, nous gardera des dangers ou des chagrins que nous aurons encourus par notre négligence. Si jamais nous agissons ainsi, c'est par présomption et non par foi. Notre devoir est de faire pour nous-mêmes tout ce qu'il nous est possible de faire, puis de nous abandonner avec confiance à la grâce de Dieu.

Et si ma conclusion est vraie à l'égard de notre vie mortelle et de nos intérêts périssables, n'est-elle pas aussi juste et aussi vraie quant à nos âmes et à leurs intérêts éternels?

Laissez-moi vous développer cette pensée sous un autre jour.

Supposez qu'il y ait eu dans la mine un chemin par lequel on pût s'échapper; un chemin très difficile, très étroit, très désagréable, conduisant des galeries inférieures jusqu'à terre; mais que lorsque les mineurs s'aperçurent que le puits était en ruine, ils eussent refusé de se servir de ce passage, soit qu'ils redoutassent la peine, ou qu'ils fussent trop négligents pour songer à leur sûreté, ou trop entêtés et présomptueux pour consentir à croire qu'un danger pût les menacer.

Oh! direz-vous, ils n'auraient pas agi ainsi, ils n'auraient même pas pu agir ainsi. Ils auraient été tellement désireux de sortir de leur affreuse position, qu'ils se seraient plutôt pressés les uns contre les autres, pour être sûrs d'arriver au passage, quelque périlleux ou désagréable qu'il fût.

Je ne doute pas que vous n'ayez raison, car l'instinct de la conservation conduirait seul le premier venu à tenter n'importe quoi pour se dérober à un si grand péril. Ce sentiment est naturel à tout être vivant. Mais combien n'est-il pas triste de penser qu'il est si peu de personnes qui fassent pour leurs âmes immortelles ce qu'elles font de bon cœur pour leurs corps et leurs intérêts matériels !

On peut comparer le monde corrompu dans lequel nous vivons à une mine profonde, dont le puits, conduisant à la liberté, à la vie, au ciel, a été miné et complètement détruit par les suites du péché. Quelle triste, quelle pénible et décourageante position est celle où se trouve maintenant l'homme déchu ! Mais Dieu, dans son infinie miséricorde, a ouvert dans cette mine, c'est-à-dire dans le monde, un autre chemin de salut par notre Seigneur Jésus-Christ, qui nous dit lui-même : « Je suis le chemin, la vérité, la » vie » (Jean, XIV, 6). Par sa parole et son esprit, il invite l'homme perdu à venir à lui pour être sauvé, pour être racheté, en un mot pour avoir la vie éternelle et ne pas périr dans cet horrible lieu.

Et combien y en a-t-il qui n'écoutent pas cette voix, qui ne songent pas à être sauvés ni à venir à Christ pour avoir la vie ! Oh ! quelle affreuse pensée !

Jeunes lecteurs, avez-vous trouvé un refuge dans l'espérance qui vous est offerte par l'Evangile? Hélas! si vous ne l'avez pas trouvé, vous courez encore le terrible danger de perdre votre âme. Pensez-y donc et soyez sauvés!

Je reviens de nouveau à nos pauvres mineurs.

Nul doute, comme je vous l'ai dit, qu'ils ne se soient hâtés de se réfugier dans les galeries du centre. Et, cela une fois fait, que pouvaient-ils faire de plus?

Ils essayèrent pourtant de faire plus encore : on a dit que pendant les premiers jours qui suivirent la catastrophe, on les entendait souvent travailler à se frayer un chemin. La preuve, c'est que, lorsque le puits, étant déblayé, permit d'atteindre aux galeries où ils se trouvaient, on y découvrit à l'entrée une quantité d'instruments de travail. Ces efforts, tout infructueux qu'ils ont été, nous prouvent combien ces infortunés avaient conscience de leur péril et étaient désireux d'y échapper.

Que pouvons-nous savoir de plus sur les dernières heures qu'ils ont eu à passer dans la mine?

Bien peu de chose assurément. Mais les quelques détails qui nous sont parvenus sont bien émouvants. Dans la poche de l'un de ces hommes on trouva un petit agenda sur lequel étaient écrits ces mots :

« Vendredi après-midi, deux heures et » demie. Edward Armstrong, Thomas Gled- » son, John Hardie, Thomas Bille et d'au- » tres sont très malades. Nous avons eu » une réunion de prières à deux heu- » res moins un quart; Tibbs, H. Sharpe, » J. Campbell, H. Gipson et William » Pamer... » — Ici la phrase est inter- rompue, mais on peut conjecturer que les mots qui manquent sont ceux-ci : « ont prié. » Plus loin sont encore écrits ces mots : « Tibbs nous a de nouveau exhortés et » Sharpe aussi. »

Je pense que mon récit doit s'arrêter à ces lignes, car nous ne pouvons rien savoir de plus sur les dernières heures de ces pauvres gens, dont pas un, pense- t-on, n'a survécu au quatrième jour de cap- tivité.

Du reste, que pourrions-nous savoir à leur égard, ou que pourraient apprendre leurs familles désolées, qui pût mieux réjouir et soutenir les cœurs, que l'assurance que leurs derniers moments furent consacrés à la communion avec Dieu par la prière, à des exhortations fraternelles pour se soutenir mutuellement, en un mot, à chercher le Seigneur pendant qu'il se trouve, à l'invoquer tandis qu'il est près ?

Vous vous souvenez, n'est-ce pas, des Israélites qui furent mordus au désert par des serpents brûlants, et qui gisaient mourants à la porte de leurs tentes. Vous vous souvenez aussi comment Moïse reçut de Dieu l'ordre de faire un serpent d'airain et de l'élever dans le camp sur une perche, afin que tous pussent le voir. Il nous est dit que « quand » quelque serpent avait mordu un homme, » cet homme regardait le serpent d'airain et » il était guéri » (Nomb., XXI, 9).

Eh bien ! lorsque le Seigneur Jésus était sur la terre il dit à Nicodème : « Comme » Moïse éleva le serpent dans le désert, de » même il faut que le Fils de l'homme soit » élevé, afin que quiconque croit en lui ne » périsse point, mais qu'il ait la vie éternelle » (Jean, III, 14, 15).

Soyons sûrs que dans ces dernières heures au fond de la mine, il y eut plus d'un de ces humbles chrétiens qui, passant de l'un à l'autre de leurs compagnons de captivité et de souffrance, cherchaient non seulement à soutenir leur courage, mais à diriger l'esprit de ceux qui n'étaient restés que trop longtemps dans l'indifférence ou l'irréligion, vers le divin Sauveur qui a été élevé sur la croix, afin de nous obtenir la vie éternelle. Ces pieux mineurs redisaient à ceux qui les entouraient comment le sang précieux du Rédempteur nous lave de toute souillure, répétant ces paroles de Jésus lui-même : « Le » Fils de l'homme est venu chercher et sau- » ver ce qui était perdu. Venez à moi, vous » tous qui êtes travaillés et chargés, et je » vous donnerai le repos de vos âmes; car » Dieu a tant aimé le monde qu'il a donné » son Fils unique au monde, afin que qui- » conque croit en lui ne périsse point, mais » qu'il ait la vie éternelle. »

Et ne doutons pas que, quelque faible que soit le cri d'une foi naissante éveillée dans l'âme par le Saint-Esprit, il ne parvienne jusqu'au trône de la grâce, appelant les miséricordes divines sur le pécheur repentant, bien que ce cri ne soit poussé que dans les derniers moments d'une vie qui s'éteint dans les profondeurs d'une mine.

FIN.

TABLE

Première semaine.

Seconde semaine.

TOULOUSE. — IMP. A. CHAUVIN ET FILS, RUE DES SALENQUES, 28.